ÉPISODES

DU TEMPS

DE LA

COMMUNE DE PARIS

EN 1871

TOURS

ALFRED MAME ET FILS, ÉDITEURS

—

M DCCC LXXII

BIBLIOTHÈQUE

DE LA

JEUNESSE CHRÉTIENNE

APPROUVÉE

PAR Mᵍʳ L'ARCHEVÊQUE DE TOURS

———

3ᵉ SÉRIE IN-8°

ARRESTATION DES FRÈRES DE SAINT-NICOLAS

ÉPISODES

DU TEMPS

DE LA

COMMUNE DE PARIS

EN 1871

I

Ce fut dans les derniers jours d'avril que la Commune fit sa première visite officielle dans notre maison; à cet effet, elle délégua un de ses membres, Druet du Mousset, et deux gardes nationaux. Le Frère directeur les reçut et les accompagna; ils se montrèrent pacifiques, n'eurent que de bonnes paroles à la bouche, et se contentèrent de faire une inspection rapide de l'établissement. A les entendre, les Frères de l'arrondissement n'avaient rien à craindre de la Commune, qui était dans les dispositions les plus favorables à leur égard. Malgré ces protestations, plusieurs Frères crurent prudent, dès lors, de se faire autoriser à quitter Paris.

A l'exception de ces départs et du déménagement des objets les plus précieux, tels que vases sacrés, reliquaires, bibliothèques, etc. etc., rien de particulier ne se passa dans l'intérieur de la communauté. A l'extérieur, toutes les classes qui en dépendent continuaient à être fréquentées par un grand nombre d'élèves; la 3e de Saint-Thomas-d'Aquin seulement était fermée, le maître étant parti pour cause de maladie, et n'ayant pu être remplacé.

Les Frères se rendaient dans leurs quartiers respectifs, avec le costume ordinaire; je veux dire la robe noire, le long manteau et le large chapeau tricorne. La boue dont les hauts personnages de la Commune et les journaux orduriers de cette triste époque avaient essayé de les couvrir ne les avait pas rendus impopulaires. Les bons ouvriers et leurs enfants reconnaissaient toujours des amis sous cet humble costume. Cependant la liberté avait été proclamée partout...; elle allait donc cesser pour les Frères. Oser porter la livrée du Christ était une offense à la liberté; nous avions commis cette offense : le châtiment ne devait pas se faire attendre.

Du mercredi 3 mai au vendredi, rien de particulier. Dès le matin, nous avions eu le bonheur d'entendre la sainte messe que nous avait dite le R. P. Millériot, forcé de quitter sa communauté.

Vers 6 heures, pendant que nous étions encore en méditation à la chapelle, arrivèrent sept gardes nationaux armés. Le caporal portait un billet, que je fus invité à lire. Nous étions prisonniers chez nous : ces hommes avaient ordre de prendre possession de notre maison et de nous interdire toute sortie. Pour être juste, j'ajoute que, pendant les trois jours que nous fûmes détenus, nos gardiens se montrèrent meilleurs que la cause qu'ils servaient.

La veille de notre arrestation, la première communion avait eu lieu pour les élèves de deux écoles dépendantes de la communauté; les maîtres de ces heureux enfants avaient hâte de se rendre auprès d'eux pour les conduire à la messe d'actions de grâces et aux réunions ordinaires en ces occasions; mais, contre la force, il n'y a pas de résistance; il fallut rester. Le Frère économe, que les exigences d'une cuisine de plus de vingt personnes demandèrent au dehors, ne fut pas plus écouté que les autres; il dut se considérer comme cloîtré; le même sort fut réservé au concierge. En y comprenant ce dernier, au moment de notre arrestation, nous eussions dû être encore vingt et un dans la maison, mais deux jeunes Frères étaient heureusement allés à l'église Saint-Sulpice; à leur retour, nous les appelâmes par une croisée et nous leur apprîmes notre histoire; ils n'essayèrent pas d'entrer.

Ce n'est pas que notre infortune les eût rendus timides ou eût abattu leur courage, mais ils comprirent que leur devoir les appelait ailleurs : chacun d'eux se rendit donc au champ de labeur accoutumé; l'un à la 2e classe de la rue Vanneau, l'autre à la 3e de la rue Saint-Benoît. Ce dernier fut obligé de céder la place à quatre individus que la Commune venait installer; il se cacha momentanément dans une maison voisine, puis alla prêter main-forte à son confrère de la rue Vanneau ; ensemble ils tinrent bon jusqu'à midi;

mais avec la meilleure volonté du monde ils ne pouvaient faire face aux exigences de quatre classes ; au
reste, demeurer n'était plus du courage, mais de la
témérité ; ils se retirèrent donc après avoir congé-
dié leur nombreux troupeau ; dans le courant de la
journée, ils purent sortir de Paris sous un costume
laïque.

En parlant de l'école de la rue Vanneau, nous
sommes heureux de faire remarquer la belle conduite
de M. Roux, maître-adjoint de l'école mutuelle de la
rue du Bac ; malgré les promesses, les sollicitations et
les menaces, il refusa constamment de prendre la direction de l'école des Frères. M. Roux est un homme plein
d'honneur, un éducateur sérieux de la jeunesse ; il est
facile de comprendre qu'il n'ait point voulu accepter
d'emploi de la Commune, ni suivre le programme dé-
moralisateur qu'elle imposait dans les classes. L'école
des Frères de la rue Vanneau fut donc fermée ; et celle
de la paroisse Saint-Thomas-d'Aquin, dont les maîtres
étaient aussi emprisonnés rue de Fleurus, 14, eut le
même sort.

Mais je reviens à l'histoire de la communauté. L'inquiétude qui avait paru sur les visages au moment
de notre arrestation, sembla se dissiper quand le caporal nous apprit qu'à huit heures un membre de la
Commune devait venir nous annoncer du nouveau.
Nous étions assez simples pour croire que ce nouveau
serait une amélioration à notre sort. Puis, la pensée
de Dieu venait nous consoler. Ne savions-nous pas
que, tout en étant entre des mains ennemies, nous
étions aussi entre les mains paternelles de notre Père
du ciel? Au fond de nos âmes, il y avait donc paix et
résignation.

M. Druet du Mousset arriva entre huit et neuf heures, et dans un entretien qu'il eut en ma présence avec le Frère directeur, il confirma la défense de sortir, qui nous avait été signifiée le matin. A côté de l'humiliation d'être gardés comme des malfaiteurs, on nous en réservait une autre, celle d'être incorporés dans la garde nationale. Cette déclaration fut faite au Frère directeur pendant que j'étais avec lui au parloir. Je vis alors ce vieillard, vénérable par son âge, vénérable surtout par ses vertus et les services qu'il a rendus dans le 6e arrondissement, prendre le rôle de suppliant, non pour lui, mais pour les jeunes Frères qui lui avaient donné leur confiance et qu'il regardait comme ses enfants. M. Druet du Mousset parut accueillir sa requête, et il promit de s'employer auprès de ses collègues de la Commune pour révoquer ou adoucir cette rigueur. Quand on a passé une vie de soixante-dix ans à se faire bénir par sa douceur et sa charité, on ne sait pas mal penser des autres ; on accepte les paroles et les promesses sans méfiance ; le Frère directeur se rassura donc. J'avoue que, pour ma part, j'étais beaucoup moins confiant. Je ne jugeais point les hommes de la Commune d'après leur dire, mais d'après les actes qu'ils accomplissaient chaque jour. Une chose confirma mes craintes, c'est la demande qui me fut faite de fournir les noms de tous les Frères de dix-neuf à cinquante-cinq ans. Je répondis d'abord que ces noms figurant sur les registres de la mairie, il était inutile d'en faire une deuxième liste ; mais un instant de réflexion me fit comprendre que ma résistance pourrait hâter des mesures plus rigoureuses. Je promis donc la liste pour midi, et je la remis, en effet, à l'heure désignée. Pendant qu'on nous retenait prisonniers, on procédait au remplacement des sept Frères de l'école de la rue d'Assas et des quatre de la rue Saint-Benoît. Je ne sais quels hommes on choisit pour mettre à la tête des classes. Je sais seulement qu'ils n'ont pas su gagner la sympathie de notre petit peuple : le nombre des élèves diminua des deux tiers ; cent vingt seulement environ fréquentèrent chacune des écoles. Cependant le temps de l'étude avait été abrégé au profit de la récréation ; la prière avait été remplacée par le chant de la *Marseillaise ;* le crucifix avait été descendu de sa place d'honneur ; toutes les images religieuses, et même celle de la douce vierge Marie, avaient disparu ; on avait dit aux enfants : Vous êtes libres ! mais tout cela n'avait fait qu'exciter la dissipation et le mépris.

Le bruit de notre arrestation se répandit promptement ; aussi vîmes-nous bientôt, parmi les passants des rues de Fleurus et Jean-Bart, bon nombre de personnes qui n'y étaient attirées que par l'intérêt qu'elles nous portèrent. De petits enfants, couchés par terre, nous appelaient et nous criaient bonjour par-dessous la porte du jardin.

Nos gardiens s'étant prêtés de bonne grâce à laisser entrer nos élèves, ils vinrent en grand nombre, et ce nous fut une grande consolation. Plusieurs parents se joignirent à ces petits visiteurs pour nous témoigner la peine que leur causait notre sort, et nous dire le regret qu'ils éprouvaient de nous voir enlevés à leurs enfants.

Mais entre toutes les visites qui nous furent faites, nous fûmes particulièrement sensibles à celles du cher Frère Exupérien, directeur des novices. Parmi nous, plusieurs avaient été ses enfants spirituels ; sa pré-

sence, ses paroles nous firent donc un grand bien ;
nous retrouvions sur ses lèvres et dans son cœur la
douce et active charité que nous lui avions vu dé-
ployer au milieu des quatre cents blessés de l'ambulance de Longchamp.

Depuis quelques jours, comme je l'ai déjà dit, par
suite des indignes procédés de la Commune, le
R. P. Millériot avait dû quitter sa communauté et se
réfugier chez nous. En échange de l'hospitalité que
nous lui accordions avec tant de bonheur, il nous com-
muniquait sa gaieté et sa force par ses bonnes paroles,
ses pieux exemples et ses ferventes prières. Il était
notre commensal à la table matérielle ; et nous étions
ses commensaux à la table spirituelle. Sa présence
dans la communauté était évidemment une béné-
diction du Ciel ; toutefois nous ne voulions pas qu'il
fût prisonnier avec nous. Je réussis à le faire prévenir à l'église Saint-Sulpice, où il était occupé à
confesser.

Le lendemain, nous désirions avoir la sainte messe
et la sainte communion, l'aliment de toutes les âmes
affligées ; mais en ce moment la prudence nous dé-
fendait de parler du R. P. Millériot. Que faire ? Notre
caporal consentit à s'adresser pour nous au presbytère.
M. le curé, bravant tous les dangers, se rendit au
milieu de nous. A son arrivée, nos gardes nationaux,
j'en fus témoin, répondirent à son salut et à son aimable sourire par un salut plein de respect.

Dans la journée, le R. P. Millériot fut autorisé à
entrer dans sa chambre et à emporter tout ce qu'il
nous avait laissé. Le soir, il vint au milieu de nous ; le
lendemain dimanche, dès le grand matin, il nous disait encore la messe et nous distribuait le pain des

forts. Il venait bien à propos, ce divin aliment, car ce jour-là devait être celui de l'épreuve.

La nuit du samedi au dimanche, j'avais beaucoup pensé au moyen que nous pourrions employer pour nous soustraire au sort que la Commune nous réservait, car la soumission aux volontés divines n'empêche pas de prendre conseil de la prudence (1). Ma position, du reste, me faisait une obligation de penser au salut de mes confrères; j'avisai donc au moyen de les faire évader et de les suivre. M'étant rendu au milieu d'eux, je leur dis : « Mes chers Frères, ne nous laissons pas décourager; j'ai la confiance qu'aujourd'hui le bon Dieu nous délivrera, ou par la bonne volonté des hommes, ou malgré eux. »

La matinée se passa anxieuse et monotone; il existait un tel contraste entre ce dimanche et les dimanches ordinaires : plus d'offices, plus d'instructions, plus d'enfants à conduire à l'église. Pauvres petits! nous ne pouvions aller à eux, alors ils vinrent à nous; car ce jour-là les visites furent plus nombreuses que les précédents. Nos regards étaient consolés par la vue de ces enfants. Ah! dans le monde, on ignore trop tout ce que Dieu a mis de tendresse dans le cœur des maîtres chrétiens. Cette affection que le père et la mère répandent à flots sur la famille selon la nature, le Frère des écoles chrétiennes la donne avec non moins de générosité à ceux qui sont ses petits frères en Jésus-Christ, ses enfants en Dieu.

Pour faire une diversion à la tristesse d'une si triste matinée, un des plus anciens Frères de la commu-

(1) Le Frère qui écrit cette relation est sous-directeur de la communauté des Frères de Saint-Sulpice.

nauté eut l'heureuse idée de monter dans sa cellule et de jouer, sur un néocor, les beaux et magnifiques airs des hymnes de nos grandes fêtes. Vers midi, pendant le repas, il nous vint une lueur d'espérance : notre caporal nous dit que, pour les Frères qui n'avaient pas encore dix-neuf ans, ou pour ceux qui en avaient quarante passés, il y avait permission de sortir jusqu'à six heures. Un Frère malade, de vingt et quelques années, sur la promesse qu'il fit de rentrer à la même heure, obtint aussi l'autorisation d'aller consulter le médecin. Inutile de dire que le soir personne ne manqua à l'appel.

Vers une heure et demie arriva un nouveau membre de la Commune nommé Salvador (était-ce un nom de guerre? je l'ignore). Un secrétaire l'accompagnait; ils avaient pour mission d'inventorier les objets et meubles de la maison. Le secrétaire avait plus de sévérité apparente que réelle; quand il n'était plus sous les yeux de son supérieur, il devenait fort accommodant. Salvador avait la physionomie douce et aimable; si ces apparences n'étaient pas menteuses, il avait dû se faire de grandes violences pour accomplir son rôle odieux.

Pendant que les aînés et les plus jeunes de la famille étaient à l'église, s'adressant à Dieu et chantant ses louanges, toute la distraction des autres consistait à voir Salvador se promener en maître au milieu d'eux en surveillant l'inventaire.

Le Frère directeur lui renouvela la prière déjà faite à Druet du Mousset, et demanda le départ libre pour tous ses Frères. Réponse lui fut faite qu'il pouvait sortir quand bon lui semblerait, et que cette autorisation était aussi donnée aux Frères que leur âge ne

comprenait pas dans l'enrôlement. J'entendis cette
réponse, et j'en fus heureux pour ceux qu'elle rendait
libres; cependant elle me tomba sur le cœur comme
une masse de plomb; j'y voyais une condamnation
pour les onze d'entre nous que leur âge plaçait sous
le coup des exigences de la Commune. Rien n'é-
tait alors moins douteux, ils devaient être incorporés
dans la garde nationale.

Mais avant d'être transférés de notre communauté
dans quelque fort ou caserne de la Commune, nous
voulions au moins défendre une fois notre cause.

Un de nous, s'adressant donc au délégué Salvador,
lui dit :

« Veuillez, je vous prie, Monsieur, préciser vos
intentions à notre égard.

— Nous voulons vous faire rentrer dans la loi commune.

— Mais, Monsieur, c'est justement la loi qui nous
établit dans les fonctions que nous remplissons, et
vous la violez en nous remplaçant.

— Je ne connais pas la loi qui vous a régis jusqu'à
ce jour, et ne discuterai pas avec vous sur ce point;
mais que chacun de vous fasse individuellement valoir ses droits à être exempté du service militaire, et
je vous promets qu'il en sera tenu compte, s'ils sont
sérieux. Vous vous faites un épouvantail de la Commune; c'est à tort : croyez-le; la Commune veut le
bonheur des Français.

— Est-ce donc pour notre bonheur que nous
sommes retenus prisonniers?

— Je ne sais vraiment pas de quoi vous vous plain-
driez : on vous retient jusqu'à nouvel ordre dans votre
maison, c'est vrai; mais rien ne vous manque, et on

laisse même entrer librement les personnes qui désirent vous voir.

— Permettez-moi de vous faire observer que ce n'est là qu'une faible partie de ce que nous avons le droit d'attendre de vous. Non-seulement nous devons pouvoir ouvrir notre porte à qui bon nous semble, mais nous devons en pouvoir franchir librement le seuil. Eh quoi! vous n'avez aucun reproche à nous adresser; le peuple, dont vous vous dites les représentants, nous est sympathique; les familles regrettent de ne plus nous voir dans nos écoles, et vous nous faites arrêter comme suspects, vous nous faites garder à vue comme des malfaiteurs! Quelle idée avez-vous donc de la liberté, que vous puissiez vous autoriser de son nom pour commettre des actes révoltants d'arbitraire?

— Les autorités de l'arrondissement ne veulent plus d'écoles congréganistes; on vous l'a déjà fait savoir.

— Quoi! parce que nous avons rempli jusqu'au bout notre mandat auprès de la jeunesse, et que nous n'avons pas quitté le poste qui nous était confié avant d'en être relevés, vous nous traitez comme des criminels! Ne devriez-vous pas, au contraire, nous savoir gré d'avoir continué notre enseignement jusqu'à ce que d'autres instituteurs nous soient substitués?... Vous prétendez nous faire entrer dans la légalité en nous enlevant nos classes pour nous armer d'un fusil, et vous nous remplacez par des hommes que vous exemptez du service militaire, bien qu'ils soient dans les mêmes conditions d'âge que nous? Est-ce là, comme vous vous en vantez, supprimer les priviléges?...

— Avouez que vous avez peur de servir la patrie.

— Des faits récents me serviront de réponse. Avions-nous peur lorsque, sous les balles et la mitraille prussiennes, nous soignions les blessés?... Avions-nous peur lorsque, toujours sous le feu de l'ennemi, nous ramassions les glorieuses victimes de la guerre?... Ah! grâce à Dieu, l'institut du vénérable de la Salle a fait ses preuves. Je ne sais si les membres de la Commune en pourraient tous dire autant!... Pour me résumer, Monsieur, que la France ait besoin de nous, de nos services, elle nous trouvera toujours et partout, car elle n'a pas de fils plus dévoués que nous; mais prendre parti dans une question politique, ce n'est ni de notre compétence ni de notre devoir... Nous sommes de modestes religieux qui ne nous occupons que de notre œuvre : instruire la jeunesse; et si, aux jours du péril, nous savons élargir notre règle pour nous transformer en ambulanciers, en brancardiers, en enable ensevelisseurs même, en temps ordinaire nous nous renfermons dans l'exercice de nos fonctions, sans nous occuper si la France a un roi, un empereur ou une république. Le meilleur gouvernement à nos yeux est celui qui nous laisse libres de faire le bien et qui tient haut le drapeau de la France.

— Ce sont de fort bons principes, sans doute, mais en pratique c'est un devoir pour chaque citoyen d'étudier la politique, puisqu'à titre d'électeur il intervient forcément dans le gouvernement du pays.

— Vous exprimez là une des idées les plus dangereuses de notre temps : admettre, en effet, que chaque individu a le droit et le devoir de se mêler des affaires publiques, c'est, et les événements actuels ne le prouvent que trop, jeter la perturbation dans l'ordre social. Le principe que vous émettez est incompatible avec l'accomplissement de la plupart des devoirs d'état; si je lis les journaux pendant la classe, comment mes élèves seront-ils surveillés? si je discute politique pendant le reste du temps, qui préparera mes leçons? Et d'ailleurs, serai-je bien disposé à me mettre au niveau de l'enfance, à descendre chaque jour, pour l'instruire, aux éléments si simples de la science, quand mon esprit sera plein des grandes questions qui agitent le monde?...

— Mais la Commune...

— Ah! ne parlons pas de la Commune, Monsieur, je vous garantis que vous ne nous convertiriez pas à son culte, et comme je n'espèrerais pas vous convaincre, je crois tout à fait superflu de la mettre en cause.

— Cependant...

— Je vous demande si vous croyez, de bonne foi, possible que sans se mentir à eux-mêmes, des opprimés puissent entonner l'éloge de leurs oppresseurs?

— Je croyais que l'Évangile vous en faisait un devoir.

— L'Évangile nous ordonne de pardonner à nos persécuteurs, et c'est ce que nous faisons du fond du cœur; mais, bien loin de nous faire un devoir de leur donner raison, il nous commande de résister jusqu'à la mort à l'injustice et au mensonge. »

Le Frère directeur de la communauté de Saint-Eustache, qui était entré depuis quelques minutes et s'était mêlé à nous sous un costume séculier, prit la parole en ce moment et appuya ce que je venais d'avancer ; il le fit avec beaucoup de calme et d'adresse ; aussi Salvador, pressé de plus en plus et ne sachant comment se tirer d'affaire, sortit du groupe ; il alla continuer son inventaire.

La discussion avait duré trois quarts d'heure, mais il y avait eu des répétitions ; d'ailleurs un grand nombre de demandes et de réponses ont échappé à ma mémoire. Ce que je ne puis oublier, c'est l'indignation profonde que je ressentais, et que parfois j'ai dû faire paraître. Aussi, quand le calme fut revenu dans la maison, un de mes confrères me dit : « Comme vous étiez en colère ! » Je ne désavouai et ne désavouerai pas ce dire ; mais vraiment de cette colère, si colère il y avait, je ne rougis pas, je n'en ai aucun remords ; elle ne m'a pas fait perdre un seul moment la conscience de ce que je disais ; mon émotion sans doute était grande ; mais, selon moi, ce n'était pas une émotion déréglée.

J'ai aussi bon souvenir de l'attention avec laquelle les gardes nationaux écoutaient toutes nos paroles et suivaient tous nos gestes ; l'un d'entre eux m'eût vingt fois renversé avec ses yeux s'ils eussent pu faire la fonction d'un pistolet. Plusieurs autres applaudissaient intérieurement, je crois, au langage et à la conduite des Frères. Ces pauvres soldats de 30 sous étaient souvent bien ennuyés du rôle qu'on leur faisait jouer. Un de nos gardiens disait simplement à Salvador, quelques instants après la discussion : « Ils vous ont tout de même joliment mis sur la sellette. » La première scène de la comédie que la Commune nous faisait jouer est terminée. Voici donc un entr'acte ; il ressemble à tous les instants d'arrêt qui se trouvent dans chaque pièce de théâtre : on parle beaucoup de ce qui vient de se passer et de ce que l'on attend.

La seconde scène va commencer.

Les communeux du 6° arrondissement nous tenaient pour des personnages de haute importance ; car au citoyen Salvador vint se joindre bientôt un second délégué dont j'ignore le nom.

Du reste, bon nombre d'agents de la Commune avaient des noms d'emprunt ; ils avaient un si grand intérêt à cacher les véritables !

Le nouveau venu était, je crois, le délégué en chef de la Commune dans l'arrondissement. A propos de clefs qu'il demanda, de scellés qu'il allait apposer, je lui dis : « Vous n'ignorez pas, Monsieur, que le plus grand bonheur des hommes de notre profession est de pouvoir prier Dieu à la chapelle? La prière est bonne partout, continuai-je ; mais outre que nous lui croyons une efficacité particulière quand elle est faite dans un lieu consacré à Dieu, nous estimons qu'en nous empêchant d'entrer dans notre chapelle, vous portez atteinte à notre liberté.

— Voilà qui vous trompe ; c'est tout au contraire pour sauvegarder votre dignité et les sentiments qui vous sont le plus chers, que je vais fermer votre chapelle. »

Je ne trouvai pas de réponse à faire à une semblable prétention ; je me contentai de sourire.

Le délégué reprit :

« Parmi les gardes nationaux qui vont loger ici, il peut s'en rencontrer qui, ne partageant pas vos convictions religieuses, se rendraient coupables, si l'accès de la chapelle leur était ouvert, d'actes que vous

considèreriez comme profanatoires. » Le Frère de
Saint-Eustache dit :

« Je croyais que dans la vie militaire les plus so-
lides scellés étaient la consigne ; il paraît que je me
trompais... en ce qui touche du moins les défenseurs
et les gardiens de la Commune... »

Le citoyen délégué eut recours au raisonnement
des gens qui se sentent dans leur tort : il se mit en
colère, et écartant son paletot pour montrer à nos
regards un petit ruban rouge à franges d'or, insigne
de ses pouvoirs :

« De quoi vous mêlez-vous ? Pourquoi êtes-vous
ici ? » s'écria-t-il d'un ton menaçant, qui interdisait
toute réplique ; il ajouta :

« Vous mériteriez que je vous fisse arrêter (1). »

Avec des hommes qui ne connaissent que la force
brutale, il ne faut pas raisonner ; le faire, c'est ha-
ranguer des loups affamés. Le Frère directeur de
Saint-Eustache prit donc le parti de se taire ; nous
l'imitâmes tous ; et nous le fîmes à propos, car notre
grand communard avait une instruction à nous
adresser :

« Je m'étonne de vos plaintes ; des hommes comme
vous doivent pratiquer l'abnégation et s'estimer heureux de souffrir. »

_____

(1) Cette menace ne devait pas tarder à se réaliser ; le cher Frère
Bertullien est un homme trop bien connu pour avoir pu échapper
longtemps aux investigations de la Commune ; on le laissa sortir de
chez nous ; mais peu après il fut arrêté : n'avait-il pas commis le
crime impardonnable de travailler avec ardeur et succès à faire sortir
de Paris bon nombre de nos jeunes Frères ?
Heureusement son emprisonnement ne dura que quarante-huit
heures.

Pour se justifier de persécuter les chrétiens, Julien l'Apostat ne disait pas autrement.

« Monsieur, reprit un des Frères, quand on est injustement persécuté, il est permis de se défendre ; saint Paul, dont vous ne récuserez pas le mérite, nous en a donné l'exemple.

— Vous allez peut-être dire qu'on vous persécute ! De quoi vous plaignez-vous? Nous vous traitons avec plus de ménagements que nous ne devrions.

— Monsieur, lui répondis-je, quand on a lu l'histoire et que l'on se voit dans la position que vous nous faites, on n'a pas lieu d'être rassuré.

— Oh ! vous pouvez bien invoquer l'histoire. Et la Saint-Barthélemy, etc. etc. Il n'est pas temps de rétorquer votre argument ; il ne serait cependant pas nécessaire d'avoir beaucoup de connaissance de l'histoire pour vous montrer qu'il n'est pas en votre faveur ; je me contente de vous dire que j'invoque l'histoire contre vous avec raison, mais que vous n'avez pas de motif de l'invoquer contre moi. On a usé de trop de ménagements avec vous ; on aurait dû vous enfermer chacun dans une cellule, et vous interdire toute communication ; vous vous montez la tête les uns aux autres ; nous avons raison de prendre des précautions contre vous ; voyez au séminaire de Saint-Sulpice...

— Eh bien! Monsieur, le séminaire de Saint-Sulpice a été l'objet d'indignes calomnies ; il en est des histoires faites à son sujet comme de beaucoup de contes publiés chaque jour par les mauvais journaux. Les honnêtes gens savent à quoi s'en tenir là-dessus. »

Pendant cette discussion, nos bureaux, avec leur

contenu, avaient été transportés dans l'infirmerie; car notre chambre de travail était destinée à devenir le dortoir d'un dépôt de gardes nationaux.

Enfin, était arrivé le moment de faire l'inventaire de notre cellule; cette petite chambre, si calme à l'ordinaire, était devenue comme un marché : on y entrait, on en sortait; on y parlait, on s'y disputait.

Cependant le Frère directeur, étant de retour, se rendit auprès de nous; c'est l'homme par excellence de la paix et de la conciliation; le calme se fit donc autour de lui; on parla moins, mais on ne s'entendit pas mieux. Nos deux interlocuteurs nous quittèrent donc sans que nous fussions tombés d'accord avec eux.

C'est vers six heures que les deux membres de la Commune nous libérèrent du poids de leur présence et de leurs faux raisonnements; à peu près au moment de leur départ, nous recevions la visite de M. l'abbé Crétineau-Joly; il nous fut infiniment agréable d'échanger la présence de nos deux terribles visiteurs contre celle d'un si bon et si véritable ami.

Devant lui et avec lui, la plupart des Frères âgés de moins de quarante ans tinrent conseil; chacun fit part de ses impressions, de ses idées, et la conclusion fut unanime : il fallait absolument nous échapper. Avant de nous quitter, M. l'abbé, comme nous tous, opta pour l'évasion.

Cependant les ordres étaient devenus plus sévères à notre égard : ni enfants ni parents ne pouvaient plus nous parler; nos gardiens semblaient être de véritables Cerbères. Mais la charité a de saintes ruses;

le cher Frère directeur des novices, qui depuis trois jours s'épuisait en démarches pour nous délivrer, et dont déjà deux fois nous avions reçu la consolante visite, trouva le moyen de faire fléchir la consigne : il savait l'os qu'il fallait jeter à ces affamés.

Secrètement, je lui parlai de notre périlleux projet ; il l'approuva. La chose était donc arrêtée, nous allions partir ; mais un petit incident faillit compromettre le succès de notre entreprise. Au moment de sonner le souper, le Frère chargé de cet office n'étant pas initié au secret, et ne voyant pas la corde de la cloche pendre comme à l'ordinaire, dit tout haut : « Tiens, on a ôté la corde ; » le caporal était tout près, il dit aussi : « Qu'est-ce que l'on a donc fait de cette corde ? » Heureusement ses réflexions n'allèrent pas plus loin.

Le Frère directeur connaissait notre projet ; nous n'aurions pas voulu partir contre son gré. Cependant, afin de ne pas le compromettre, nous ne lui demandâmes pas son avis, nous savions ce qu'il pensait ; il n'était pas nécessaire qu'il nous le dit. Notre souper est terminé ; nous y avons fait peu d'honneur ; par contre, nos chers gardiens, qui paraissaient aussi avoir fini, se sont très-courageusement acquittés de leur besogne à table. Depuis trois jours ils mangent et boivent à notre santé et à nos dépens du meilleur cœur possible.

Nous montons au premier, nous les voyons sortir et se promener dans la cour. Il est sept heures passées, le moment est venu ; chacun de nous porte déjà un habit séculier sous la robe tant aimée qu'il va falloir déposer, au moins pour quelque temps.

Nous sommes réunis onze dans une petite cellule

donnant sur la rue Jean-Bart. Une corde (ce n'est pas celle de la cloche ; elle n'a pas été trouvée assez solide), une corde, dis-je, est attachée à un lit pour faciliter notre descente.

Les rôles sont distribués : les uns vont et viennent dans la maison ; ils font du bruit à dessein, ils parlent tout haut, ils circulent au milieu des gardes nationaux, etc. etc.

Un autre remplit la fonction importante de guetteur ; avec des yeux de lynx il examine tout ce qui se passe dans la cour et les rues avoisinantes. Quand il n'y a aucun danger, il crie : « Vite, descendez, un..., deux..., attendez..., etc. » Sous la protection de la vierge Marie, à laquelle nous nous sommes tous recommandés avec ferveur, la manœuvre s'exécute heureusement, et aux applaudissements muets des voisins et voisines.

Ces braves gens partagent les joies de ceux qui sont déjà échappés et les anxiétés de ceux qui restent encore.

Mon devoir était de descendre le dernier ; mais le même Frère qui, sous la barbe des deux membres de la Commune, avait fait enlever le calice et le ciboire qui restaient à la maison, paraissait se tant délecter à la pensée de partir le dernier après avoir fait la sentinelle pour protéger le départ de tous les autres, que je crus devoir accéder à son désir ; je laissai avec lui un Frère qui devait l'accompagner dans sa route. Mais que l'un et l'autre me causèrent d'inquiétudes quand je me vis moi-même hors de danger !

Plusieurs d'entre nous, comme souvenir de leur prouesse, emportaient quelques écorchures aux mains, quelques déchirures au pantalon, mais c'était peu de chose. Un seul, le dixième et l'avant-dernier, moins heureux que les autres, s'était foulé le pied. A l'aide du confrère qui le suivait, il put cependant atteindre une maison amie et y passer non-seulement la nuit, mais un mois entier. Rien ne lui manqua. Ce cher confrère fut un des premiers à reparaître dans les rues après l'arrivée des troupes de Versailles. Il était en habits laïques; aussi attira-t-il l'attention des soldats, qui l'arrêtèrent; mais sa figure douce, placide, ses mains blanches, sa parole franche et amie le tirèrent du mauvais pas. Il est heureusement revenu à la communauté, et, comme précédemment, on le voit chaque jour entouré de plus de cent petits enfants.

Je reviens à nos gardes nationaux; ils faisaient bonne garde; l'un d'eux prit la sage précaution de passer la nuit couché en travers de la porte, sur un matelas disposé à cette fin; d'autres se promenèrent continuellement dans la cour et le jardin. Braves gens! ils pouvaient parler tout à leur aise, ils ne devaient pas nous réveiller.

Le cher Frère économe monta fort tard pour se coucher; son étonnement fut grand quand il trouva sa chambre encombrée de nos robes laissées pêle-mêle sur le parquet, sa table et son lit. Il vit aussi la bienheureuse corde; elle lui expliqua tout.

Le Frère directeur, après avoir longtemps prolongé sa prière, entreprit la visite des cellules; son cœur battait de crainte et d'espérance; après s'être assuré que les onze victimes choisies par la Commune s'étaient enfuies, il remonta à sa chambre et s'agenouilla de nouveau; il éprouvait le besoin d'épancher sa reconnaissance devant Dieu; sans doute les vœux de ce père tendre nous accompagnaient encore dans notre fuite et contribuaient à nous faire éviter tous dangers.

Mais la position était-elle rassurante pour les quatre vétérans restés à la maison? Comment se tirer de là le lendemain? Il me semble que la chose eût été facile : pour eux existait la permission d'un départ à volonté ; ils n'avaient donc qu'à quitter la maison le matin, sans rien dire. Que j'eusse aimé ce tour joué à la Commune ! Le Frère directeur procéda avec plus de délicatesse ; vers huit heures, il avertit lui-même le caporal de ce qui était arrivé. Ah ! quels tristes moments passa ce pauvre homme ! Enfin il se décida à aller à la mairie avec le Frère Jean l'Aumônier (c'est ce qui a donné lieu de croire que ce vénérable vieillard avait été conduit en prison et même fusillé).

Comme on le pense bien, la nouvelle de notre départ fut mal accueillie par la Commune ; mais le bon Frère directeur, au lieu de se déconcerter, parla d'autre chose ; il demanda l'autorisation d'emporter le registre des recettes et des dépenses de la communauté. « Citoyen, lui répondit-on, il n'est pas possible, pour le moment, d'adhérer à votre demande ; ce registre nous est nécessaire. »

Le Frère Jean l'Aumônier reprit donc le chemin de la maison ; il y était à peine de retour que quatre membres de la Commune y arrivaient aussi. En hommes prévoyants, ils mirent une sentinelle pour garder la corde par laquelle nous étions descendus ; il était bien temps ! Salvador était du nombre des quatre omnipotents qui venaient constater notre départ ; il se rappela l'honnêteté, la bonté avec lesquelles le Frère directeur lui avait parlé la veille, et il alla jusqu'à les lui reprocher comme un acte de fourberie ; il l'accusa aussi d'avoir favorisé notre évasion. « Si vous n'avez pas porté la chandelle, lui disait-il, pour le moins vous teniez la corde. » La justification était facile ; le Frère directeur n'avait même pas su l'heure de notre départ ; puis, la Commune ne nous avait-elle pas donné d'autres surveillants ; n'avait-elle pas autorisé le Frère directeur à partir quand bon lui semblerait ? Cette mesure, cette autorisation étaient certainement une décharge complète de toute responsabilité.

Après avoir promis de tirer de nous une vengeance éclatante, les membres de la Commune prirent la décision de faire partir les quatre citoyens Frères qui restaient encore et de congédier le concierge avec eux. Cette décision reçut immédiatement son accomplissement.

La nuit qui suivit notre évasion nous parut longue. Pour plusieurs, d'abord, il n'était pas facile de trouver immédiatement un gîte ; l'un d'entre nous, à minuit, parcourait encore les rues. Tant d'honnêtes gens avaient quitté Paris en ces mauvais jours, que souvent on trouvait visage de bois où l'on espérait rencontrer des amis. Pour ma part, j'avoue que je dormis d'un sommeil très-agité, malgré l'accueil amical que me firent mes hôtes et les soins qu'ils prirent pour me préparer un bon lit.

Je n'avais pas voulu me coucher sans écrire au Frère Baudime, assistant ; je voulais le mettre au courant du fait, afin qu'il pût aviser à ce que notre corde de salut ne devînt pas la cause de l'arrestation de plusieurs. Le lundi, dès six heures du matin, ma lettre lui était remise. Le soir du même jour, 7 mai,

nous nous rejoignions pour la plupart à Saint-Denis,
et pour comble de bonheur nous y retrouvions notre
vénérable et vénéré directeur, le Frère Jean l'Aumônier ; c'étaient les membres d'une famille bien unis
dans le Seigneur, qui se revoyaient, sous les yeux de
leur père, après les dangers d'une affreuse tempête
où ils avaient pensé tous périr. Ah ! comme nous nous
embrassâmes avec tendresse et avec joie ! Chacun
était pressé de rapporter son histoire et surtout d'entendre celle des autres. Comment avait-on pu franchir la périlleuse enceinte de Paris ? par quelle porte,
par quel chemin de fer, sous quel costume ? etc. etc.

L'un était sorti en maçon, la figure, les cheveux,
les habits, et surtout les ongles, portant le cachet du
métier ; un autre, après avoir pris la sage précaution
de se passer à une eau plus ou moins bourbeuse,
après avoir revêtu un habillement qu'un chiffonnier
eût placé plus volontiers dans sa hotte que sur son
dos, était passé en conduisant une voiture de jardi-
nier ; un troisième, muni du mot d'ordre même de la
Commune, était tranquillement entré dans les salles
d'attente du chemin de fer, et sans difficulté avait pris
son essor avec un train de voyageurs ; un suivant, à la
démarche plus ou moins en zig zag et (qu'on me
pardonne l'expression) le brûle-gueule à la bouche,
la pelle et la pioche sur l'épaule, s'était échappé en
simulant un ouvrier terrassier de la ligne de Vincennes, etc. etc.

En ces tristes moments, il n'était plus permis dans
la grande ville d'avoir l'air honnête ; aussi, en rap-
portant chacun notre histoire, avions-nous à nous
dépeindre sous des formes et des accoutrements plus
ou moins grotesques, déguenillés et malpropres.

Sans doute il devrait être assez difficile de bien contrefaire de si mauvais maintiens; mais depuis l'inauguration de la Commune, on avait tant de modèles de ce genre sous les yeux!..

Le Dieu très-bon et l'auguste vierge Marie soient bénis à jamais; leur protection ne nous a pas abandonnés un seul instant. Aujourd'hui que j'écris ces lignes, je suis de nouveau rentré dans notre petite cellule; elle est redevenue calme et silencieuse; les échos des voix menaçantes qui s'y firent entendre sont allés se perdre dans la tombe...

Hélas! ces deux hommes qui nous avaient regardés de si haut ont été fusillés. Je souhaite que la justice divine ait été moins inexorable pour eux que la justice humaine. Oui, Dieu soit loué! la famille des Frères de Saint-Sulpice, sous la douce et paternelle diréction du Frère Jean l'Aumônier, est de nouveau réunie, et de nouveau nous pouvons chanter avec le roi-prophète : *Ecce quam bonum,* etc. Il est vrai que nous avons trouvé bien des dégâts à notre retour ; mais que sont les dégâts matériels quand les cœurs sont restés les mêmes !

Depuis notre retour, la Providence divine nous a donné une marque nouvelle de sa sollicitude; car au moment où l'un des Frères allait brûler des papiers inutiles dans le poêle de notre chambre de travail, il s'est aperçu que sous la cendre étaient cachées des cartouches; il en retira soixante-seize.

Plus que jamais nos jours doivent donc être consacrés au Seigneur; qu'il nous fasse la grâce de ne plus vivre que pour lui !

COMMUNAUTÉ

DE

NOTRE-DAME-DE-LORETTE

RUE DES MARTYRS, 68

I

Appelés des premiers au soin des ambulances et
demeurés des derniers au service des victimes de la
guerre étrangère, les Frères de la rue des Martyrs
devaient assister aux premières scènes de ce drame
lugubre qui portera dans l'histoire le nom de *Commune*. Ils devaient, au premier jour de la lutte, recueillir des blessés et des morts non plus atteints en
pleine poitrine sur nos champs de bataille et tom-
bant au cri de : Vive la France! mais frappés dans les
rues de Paris par des balles françaises et au cri de :
Haine et mort à la société!

Ce fut devant leur maison, sous leurs yeux, que la

2*

guerre civile ouvrit son ère de honte et de carnage ; il leur fut donné d'être témoins du navrant spectacle du triomphe de l'anarchie sur l'ordre, de la désertion sur la discipline ! Ils virent, la douleur dans l'âme et les yeux pleins de larmes, ils virent ce défilé sans précédent dans l'histoire de soldats désarmés ou la crosse en l'air, descendant la rue au milieu des bataillons fédérés qui hurlaient nos chants nationaux pendant que la foule les acclamait comme des triomphateurs !

Le bruit de la décharge qui ôtait la vie à deux de nos braves généraux fit trembler leur maison, et un instant ils purent craindre de voir leur jardin servir à des exécutions du même genre.

Ce fut l'horreur même du spectacle qui les entourait qui écarta d'eux ce funeste honneur ; les blessés remplissaient leur maison ; les morts étaient entassés dans leur préau, et les détachements de fédérés qui, à plusieurs reprises, se présentèrent pour occuper militairement l'établissement, se hâtèrent de fuir ce tableau de désolation, avec lequel ils n'étaient pas encore familiarisés.

Rien ne devait manquer à la sinistre mise en scène de ce premier jour de luttes fratricides ! sous les fenêtres mêmes des Frères, deux barricades étaient construites ; ils pouvaient compter les coups de pic arrachant les pavés, et le heurt de ces pavés s'amoncelant lourdement les uns sur les autres.

Vint le tour des canons et des mitrailleuses, qu'ils virent placer sur ce rempart improvisé, d'où ils ne disparurent que le 24 mai, alors que nos troupes s'en emparèrent.

A partir du 18 mars il n'y eut plus de repos pos-

sible pour les Frères de Notre-Dame-de-Lorette.
Enserrés par les barricades, et de toutes parts entou-
rés par ces terribles fédérés qui semblaient avoir
pour consigne de faire nuit et jour tout le tapage possible : tocsin, canonnade, mousqueterie, cris et hur-
lements de bêtes fauves, rien de ce qui peut étourdir
et épouvanter de paisibles citoyens n'était négligé
par eux.

Les pauvres Frères de Montmartre étaient obligés
de franchir quatre barricades pour se rendre à leur
poste, et dès le mardi de Pâques, le Frère directeur
dut les retenir rue des Martyrs, où ils ouvrirent des
classes pour les élèves de Montmartre qui venaient
les trouver.

Cependant, après avoir affiché sur la porte de la
paroisse que « les prêtres étant des bandits, chaque
bon citoyen était invité à les arrêter (1), » les fédérés
allèrent faire une visite rue des Martyrs, où ils aver-
tirent les Frères que l'arrêté concernant les prêtres
s'étendait à eux et à toutes les *robes noires* de l'arrondissement. Cette perspective d'arrestation n'effraya
pas les pieux instituteurs. Quand on a fait bravement
son devoir comme les enfants du vénérable de la
Salle l'ont fait pendant le siége, quand on a affronté
aussi souvent la mort, on a appris par expérience
qu'au-dessus des périls de la guerre et des embûches
des hommes, il est une puissance supérieure de laquelle seule on dépend et en laquelle il est bon de
mettre uniquement sa confiance.

Fais ce que dois, advienne que pourra, disaient

_____

(1) Cette pièce curieuse était signée par le délégué du XVIIIe arrondissement, et portait le cachet de la mairie.

nos pères. Cette belle devise, si tristement tombée en désuétude de nos jours, est demeurée celle des braves Frères des Écoles chrétiennes, et c'est ce qui les a placés si haut dans ces derniers événements.

Le Frère directeur de la rue des Martyrs ne se préoccupa donc nullement de la menace qui lui était adressée; il continua sans vaine ostentation comme sans crainte de pourvoir aux affaires de la maison, et de vaquer aux œuvres de charité que suscitaient les circonstances, continuant à circuler dans le quartier, allant journellement à Montmartre, où la situation devenait de plus en plus critique pour tout ce qui touchait aux hommes et aux choses de la religion. Soit que Dieu le protégeât d'une façon toute particulière, ou que le sang-froid de son courage en imposât aux fédérés les plus acharnés contre la *robe noire,* toujours est-il qu'il ne lui était pas arrivé le moindre accident, lorsqu'un soir qu'il était sorti pour favoriser l'évasion de M. l'abbé Alvier, retenu depuis plusieurs jours prisonnier dans un appartement, il fut attaqué par un garde national qui, s'attachant à ses pas, le poursuivit de ses menaces et de ses insultes. Impatienté de cette persistance à le suivre, le Frère se retourna brusquement, et interpellant son lâche provocateur, il l'engagea à choisir le chemin qui lui conviendrait, afin que lui-même pût suivre librement une voie différente. Pour toute réponse, ce fédéré, relevant sa baïonnette, en poussa la pointe contre la poitrine du Frère directeur. Celui-ci, par bonheur, était sur ses gardes; de la main gauche il détourne l'arme; et de la droite il terrasse son agresseur. Un second garde national survient sur ces entrefaites; il met un terme à une scène qui ne pouvait manquer, sans lui, de se terminer d'une manière funeste pour un des deux adversaires.

Le cher Frère reprend sa course; mais le temps que lui avait fait perdre la lutte était devenu irréparable : le prêtre qu'il allait délivrer était, au moment de son arrivée, sur le seuil de sa maison, entouré d'une escouade de fédérés qui l'emmenaient prisonnier.

Cependant les événements se précipitaient ; les actes et les décrets de la Commune amoncelaient tempête sur tempête, et il était aisé de prévoir que la malheureuse cité-reine des temps modernes courait vers une terrible catastrophe. Chacun avait donc le droit, mieux que cela, le devoir de prendre les précautions exigées par la prudence pour éviter le pillage qui menaçait, dans un avenir plus ou moins rapproché, tous les honnêtes gens.

Le Frère directeur, jugeant qu'il était temps de mettre à l'abri le mobilier et les objets précieux de la communauté, eut recours à son beau-frère et à ses deux neveux des bataillons de Montmartre, qui tous trois se dévouèrent avec beaucoup de courage pour l'aider à un déménagement d'autant plus difficile et périlleux que, ainsi que nous l'avons dit, la maison était gardée par deux barricades armées de canons et de mitrailleuses, et ainsi entièrement livrée au caprice et à l'arbitraire des fédérés.

Mais, grâce à l'uniforme de la garde nationale parmi les déménageurs, les gardiens des barricades crurent sans doute à une opération faite par ordre de la Commune et à son profit ; car non-seulement ils en facilitèrent autant que possible l'exécution, mais encore, à différentes reprises, plusieurs d'entre eux tendirent très-obligeamment les mains à ceux qu'ils prenaient pour des camarades. Ce qu'il y eut de plaisant dans ce quiproquo, c'est que ces services, récompensés par des *canons liquides* fournis par la cave des Frères, donnèrent lieu à maintes plaisanteries sur ces *calotins* : « Qu'il était temps, affirmaient nos bruyants patriotes, et même plus que temps, après les avoir dépouillés de ce qu'ils avaient dérobé aux sueurs du peuple, de les expulser à jamais de *Paris* et de la *France.* » S'ils avaient su que c'était au profit de ces calotins tant abhorrés qu'ils travaillaient et à leur santé qu'ils trinquaient, ils seraient, croyons-nous, tombés tous foudroyés par la rage.

On n'a pas idée, en effet, du degré d'exaltation auquel d'habiles meneurs avaient poussé une partie de la population parisienne contre tout ce qui touchait à la religion.

Pour quiconque étudie et examine froidement l'histoire de ces deux mois de délire, il est impossible de ne pas voir l'intervention ouverte de l'esprit de mensonge dans l'habileté avec laquelle les calomnies les plus odieuses, et en même temps les plus absurdes, avaient été mises en circulation et persuadées à ce peuple qui a la prétention d'être sans rival au monde sous le rapport de la perspicacité et de l'esprit. Ce qui frappe surtout, c'est l'aveuglement de tous; cet aveuglement si incontestable dans les hautes classes de la société pendant la période précédente, était devenu tel parmi le peuple, sous la Commune, qu'on peut affirmer que toute cette masse d'êtres turbulents courait à l'abîme sans paraître se douter où elle allait, et acceptait toutes les inepties qu'il plaisait au premier venu de lui débiter.

Les hommes de la famille du Frère directeur avaient bravement payé de leur personne; car, à toute minute, la vérité pouvait être reconnue, et ils ne pouvaient douter que c'eût été pour eux un arrêt de mort. Ce sera maintenant aux femmes de la même famille à faire le reste, et elles ne le cèderont en rien comme intelligence et persévérance à ceux qui leur ont donné l'exemple du dévouement.

C'est une sœur du Frère directeur qui reçut chez elle le mobilier de la communauté, au prix d'une responsabilité et de périls dont on ne peut se faire une idée qu'en se reportant aux incertitudes et aux péripéties diverses de cette époque d'effervescence et de vengeances populaires. Après avoir pendant plusieurs semaines vécu dans des transes et une surveillance continuelles, elle dut, vers la fin de la lutte, passer plusieurs nuits consécutives de planton sur sa porte, afin d'éloigner de la maison les *pétroleurs* et *pétroleuses* de sinistre mémoire. Elle y parvint; mais ce qui ne lui fut pas également possible, ce fut d'écarter de sa demeure les projectiles des deux camps, qui littéralement pleuvaient sur le quartier. Vingt et un obus, partis des buttes Chaumont tombèrent sur la maison, et une quarantaine de petits projectiles s'éparpillèrent sur les lits et les meubles de cette famille chrétienne, dont les membres avaient dû se réfugier dans les caves (1).

Une autre des sœurs du Frère directeur, après s'être dévouée avec non moins de zèle et de courage

---

(1) Par un bonheur providentiel, cette maison si exposée ne fut ni incendiée ni entièrement effondrée par les projectiles, et rien de ce qu'elle contenait appartenant aux Frères n'eut à souffrir.

à assurer le sauvetage du mobilier de la communauté,
s'est vue forcée de garder le lit pendant six semaines
par suite des fatigues souffertes à l'occasion de cette
œuvre de charité, et surtout de ses inquiétudes pour
les chères personnes des dignes Frères.

Pendant ce temps, l'école fonctionnait toujours.
Toutefois les Frères, dont sept sur douze étaient partis, ne pouvaient espérer se dérober plus longtemps
encore, sans danger pour eux et sans inconvénients
non moins graves pour leurs amis, aux recherches
dont étaient l'objet ceux que leur âge rendait passibles
du service militaire, et d'autre part, le directeur ne
disposant d'aucune ressource pécuniaire qui lui per-
mît d'assurer le départ de ces jeunes compagnons de
labeur et de souffrances, il se décida à aller voir le
délégué, M. Bayeux-Dumesnil. Il se présenta en habits séculiers et fut pris pour un instituteur laïque par
ce fonctionnaire de la Commune, qui le reçut très-
convenablement et témoigna d'un vif mécontentement en apprenant que son traitement n'avait pas
été payé.

« Croyez bien, ajouta-t-il, qu'il n'y a nullement
« de mon fait dans cet oubli ; j'ai, au contraire, donné
« l'ordre le plus formel de payer très-exactement
« MM. les instituteurs, dont je fais le plus grand
« cas. »

Il allait appeler pour connaître la cause de cette
exception aux ordres donnés, lorsque son visiteur
crut devoir lui faire connaître qui il était ; il exprima
en même temps l'espoir que les bons sentiments
qu'il venait de témoigner à l'endroit des instituteurs
s'étendaient aussi bien aux congréganistes qu'aux
laïques.

Cette communication tout à fait inattendue donna
lieu à une scène de stupéfaction qu'il serait impossible de décrire. La pensée de se trouver en présence
d'un *ignorantin*, de lui avoir parlé un quart d'heure
durant sans s'en être aperçu, *semblait* prodigieux à
ce bon M. Dumesnil, qui, sans doute, s'était imaginé
jusque-là qu'un religieux n'était pas un homme comme
un autre... Et puis, cette malencontreuse profession
de foi au sujet des instituteurs !... Comment se tirer
de cette impasse ? Tout l'esprit du délégué ne lui
fournit d'autre moyen que de s'exécuter d'aussi bonne
grâce que possible, et il fit compter 475 fr., montant
du traitement des Frères pendant le mois d'avril, à
ce *corrupteur de la jeunesse*, à cet *ennemi du peuple*,
qu'assurément il eût voulu savoir partout ailleurs
— fût-ce à Mazas ou au diable — que dans son
cabinet.

Plus conséquent avec lui-même que la plupart de
ses collègues, ce citoyen délégué s'était exécuté d'assez bonne grâce ; mais il n'en avait pas moins sur le
cœur l'irritation d'être tombé dans le piège qui lui
avait été tendu, et il ne devait pas tarder à prendre sa
revanche.

Deux jours plus tard, en effet, le directeur recevait
un pli contresigné Dumesnil, contenant le programme
communeux adopté pour les écoles primaires ; auquel était jointe une lettre concluant de l'incapa-
cité des Frères ; par suite de leur attachement à un
dogme religieux ; à exécuter ponctuellement ce programme.

Après avoir consulté ses supérieurs, le Frère directeur adressa au délégué une note par laquelle il
lui déclarait que l'école de la rue des Martyrs, se trou-

vant dans d'autres conditions que les simples écoles communales, il prétendait avoir le droit d'y rester et d'y diriger une école libre, si l'autorité jugeait à propos de lui retirer son titre d'instituteur communal.

A la suite de cette note, le Frère directeur fut appelé à la mairie, où pendant une heure il défendit ses prétentions article par article. Le citoyen délégué, battu sur tous les points, consentit enfin à laisser le Frère directeur à son poste, à la condition par lui de fournir dans les trois jours les pièces à l'appui de ses allégations.

Ces preuves étaient impossibles à produire, certaines pièces étant déposées à l'hôtel de ville, qui ne pouvait s'en dessaisir et se serait bien gardé d'en donner un *duplicata;* d'autres étaient aux mains de M. le curé, absent du presbytère. Les trois jours de répit accordés aux Frères ne leur servirent donc qu'à parachever leur déménagement et à prendre leurs mesures pour leur départ de Paris; après quoi le Frère directeur écrivit à M. Dumesnil pour lui faire connaître les motifs qui l'empêchaient de se procurer les pièces exigées, et pour lui demander de vouloir bien se contenter de son attestation écrite.

La réponse à cette lettre fut une seconde convocation à la mairie. Les amis du Frère directeur le conjurèrent de ne pas se rendre à cette invitation, qui, sûrement, lui disaient-ils, cachait un piége; mais, fort de sa conscience et confiant en Dieu, le Frère déclara qu'il pousserait cette affaire jusqu'au bout, et ne déserterait son poste qu'à bon escient.

A la mairie, dans les bureaux, plusieurs employés dévoués à la communauté renouvelèrent les mêmes instances. « Prenez garde, soufflèrent-ils à l'oreille du Frère, vous allez courir des dangers très-sérieux ! Il a été question déjà de vous arrêter ; le bon droit même de votre cause plaide contre vous... On ne vous pardonne pas d'avoir raison. Fuyez pendant que vous le pouvez encore ; quand vous aurez franchi le seuil du cabinet du délégué, il sera trop tard.... » Le Frère serra sur son cœur le chapelet qui ne le quittait pas ; il murmura une courte invocation à la divine Mère dont si souvent il avait eu occasion d'expérimenter le puissant secours, et, le courage au cœur, le sourire aux lèvres, il passa le seuil redoutable de cette chambre qu'on venait de lui montrer comme une souricière dont il ne sortirait pas.

« Après tout, se disait-il, ce que Dieu voudra ! »

Dieu voulut conserver sa sage et prudente direction aux cinq Frères qui l'attendaient à la maison, l'esprit plein d'inquiétude, malgré la ferveur des prières qu'ils adressaient au Ciel pour lui.

La séance fut orageuse ; le Frère vit le moment où, après de très-vives menaces, le citoyen délégué allait passer des paroles aux actes, ce qui n'eût pas manqué, en effet, si, son sang-froid l'abandonnant un seul instant, il eût laissé à M. Bayeux-Dumesnil le temps de formuler l'ordre de son arrestation. Mais, rompant sur-le-champ l'entretien : « La force me fera seule abandonner mon école, dit-il avec autant de convenance que de fermeté. » Et avant que le délégué fût revenu de sa stupéfaction, il avait quitté la mairie. Il n'y avait pas à espérer, cependant, de pouvoir prolonger plus longtemps cette situation. Décidé, en ce qui le concernait personnellement, à tout risquer, le Frère directeur ne se croyait pas le droit d'exposer la liberté et peut-être la vie (on parlait hautement à ce moment de la mort des otages, et là fameuse loi du talion : *Œil pour œil, dent pour dent*; était chaque matin mise à leur sujet sur le tapis par quelque journal de la Commune, annonçant et commentant les prétendues atrocités exercées par les Versaillais contre les fédérés prisonniers); le Frère directeur, disons-nous, ne se croyant pas le droit d'exposer la liberté, et peut-être la vie des Frères confiés à ses soins, il se hâta donc de mettre à exécution les plans qu'il avait formés pour leur sortie de Paris.

Le lundi 5 mai, à neuf heures du soir, il se dirige vers la gare de Lyon en compagnie d'un de ses neveux en garde national et de deux des Frères en habits religieux; quant à lui, il avait revêtu un costume laïque. A l'entrée de ce groupe dans la gare, tous les regards se portent sur ces deux Frères, dont la taille élevée et la large poitrine eussent été de nature à attirer l'attention alors même que leur costume, depuis tant de jours prohibé à Paris, n'eût pas fait sensation.

Le capitaine chargé du poste, prévenu sans doute par quelque agent secret, accourt aussitôt; le Frère directeur l'aborde sans façon, et reconnaît bien vite que ce brave de la Commune a fait maintes prouesses dans la journée, accumulant canon sur canon; il reconnaît en même temps que le digne homme n'a pas le vin mauvais; et il l'attaque du côté de la sensibilité: « Ce garde national et moi, lui dis-je en lui montrant mon neveu, nous sommes les voisins de ces deux pauvres Frères, que nous voudrions faire sortir de Paris, car ils sont sans pain et sans asile depuis qu'on leur a enlevé leur place d'instituteur. J'espère, capitaine, que vous nous aiderez dans ce devoir d'humanité. »

Le capitaine ne répond ni oui ni non ; toutefois, le vin aidant, il montre une émotion qui peut être exploitée. Le Frère directeur passe donc au guichet et prend deux billets.

Pendant ce temps, le poste tout entier était en rumeur ; le lieutenant, trouvant l'occasion belle pour faire du zèle aux dépens de son supérieur, a déjà désigné les hommes qui doivent arrêter les deux Frères et les conduire à la Commune.

Quelques femmes (de ces misérables mégères qui suivaient les insurgés comme la vermine s'attache aux animaux immondes), quelques femmes applaudissaient à cette glorieuse expédition et s'apprêtaient à y prendre part. Une d'entre elles, se méprenant sur le rôle que jouait en cette affaire le Frère directeur, s'approche de lui, et se frottant les mains avec une joie infernale :

« Nous allons bien rire, lui dit-elle.

— Vraiment, et à quel propos ?

— Au sujet de ces *deux grands curés*... »

Et elles débitent l'histoire de tout ce qui vient d'être décidé au poste... « Quoique Mazas ne soit pas bien loin, ajouta-t-elle, nous leur en ferons avaler d'ici là.., vous verrez.

— Je pourrai voir cela, mais je n'en rirai pas, car ce serait, ce me semble, une cruauté et une honte que de ne pas permettre à de pauvres Frères qu'on chasse de leurs écoles de quitter Paris.

— Ah ! ce ne sont pas des curés... ce sont des Frères, dit la mégère en s'éloignant. »

Peut-être cette femme était-elle mère de famille...
Peut-être se souvenait-elle que ses enfants avaient
trouvé des amis dans les Frères, leurs instituteurs.
Quoi qu'il en soit, elle ne paraissait plus aussi bien
disposée à rire.

Le Frère directeur comprit qu'il fallait pour réussir
brusquer le dénoûment. Après avoir dit à son neveu de
se mêler aux hommes dont il portait l'uniforme, et de
dissuader en distrait ces malheureux de leurs mauvais desseins, il remit les billets aux Frères et leur recommanda de garder tout leur sang-froid, leur pro-
mettant, s'ils étaient arrêtés, de les accompagner en
prison. Comme il s'y attendait, au moment où ils présentaient leurs billets à l'entrée de la salle d'attente,
les factionnaires croisaient la baïonnette devant eux et
on leur demandait leurs papiers.

Pendant qu'ils les cherchaient, le Frère directeur,
aidé par son neveu, s'efforçait de détourner l'attention des fédérés, et de leur créer des embarras dans
le but d'empêcher que les papiers ne fussent examinés
trop minutieusement; c'est ce qui arriva. Pressé par
la foule, qui s'impatientait de ne pouvoir pénétrer
dans les salles d'attente, le lieutenant tout ahuri re-
garda à peine les extraits de naissance qui rajeunis-
saient d'une année chacun des Frères, et les papiers
étant déclarés bons, les Frères furent entraînés par
le flot des voyageurs. Si le lieutenant se ravisa, il
n'était plus temps; car, avant qu'il eût pu chercher
ses victimes dans le wagon, le sifflet de la locomo-
tive avait donné le signal, et ils étaient emportés à
toute vapeur loin des griffes des communeux.

Le Frère directeur s'en retournait tout joyeux et
en bénissant la Providence. Tout n'était pas fini ce-

pendant pour les fugitifs : à la gare de Bercy-Charenton, le train subissait un long arrêt ; des recherches minutieusès avaient lieu dans les wagons et plusieurs personnes étaient arrêtées. Mais Dieu protégeait manifestement ses serviteurs : le compartiment où ils avaient pris place, bien qu'ouvert deux fois par les fédérés, n'était pas visité.

Le lendemain, dimanche, à six heures du matin, deux autres Frères se rendirent sans encombre à Aubervilliers, grâce à leur costume d'ouvriers de chemin de fer qu'ils avaient revêtu.

Une heure plus tard, le cinquième Frère partait par la même voie, revêtu d'un uniforme d'inspecteur de chemin de fer.

II

Cette tâche si heureusement remplie, le Frère directeur crut d'abord qu'il n'avait plus qu'à rendre grâce à Dieu et à se réjouir du succès. Mais son âme, étreinte par des angoisses faciles à comprendre, pouvait-elle être accessible à la joie ? Quinze jours auparavant, dans cette grande maison, tout était vie et mouvement : treize frères partageaient avec lui le soin d'un nombreux et joyeux troupeau d'enfants ; aujourd'hui, il était seul à prier, seul à se préoccuper et à pleurer sur les désastres du passé, sur les crimes du présent...

« Je n'oublierai jamais, écrivait-il plus tard à
ce sujet, je n'oublierai jamais mes angoisses pendant
la première nuit qui suivit le départ du dernier de nos
Frères : une maison sens dessus dessous, nos pauvres chers voyageurs arrêtés peut-être aux fortifications, des craintes sérieuses pour ma propre sûreté,
si je persistais à rester à mon poste. Et cependant, ne
pouvant me décider à tromper la confiance des parents et l'affection des enfants, j'étais bien décidé à
continuer nos classes... De plus, je connaissais les
menaces violentes de l'état-major de Montmartre ; je
savais qu'il avait décidé que je paierais cher la froi-
deur de mes deux neveux à servir la Commune, froi-
deur qu'on attribuait à mes conseils et à mon in-
fluence. Ces pauvres enfants eux-mêmes n'étaient-ils
pas en danger ? Leur zèle pour moi ne les avait-il pas
compromis non-seulement aux yeux des fédérés, mais
aux yeux du gouvernement légitime de la France ?
Pouvais-je oublier qu'après avoir refusé de servir
dans les rangs de l'insurrection ils s'étaient décidés
à endosser le sabre et le képi des communeux uniquement pour rester à portée de me protéger et de me
défendre au besoin ?... »

Il y avait certes plus de motifs qu'il n'en fallait pour
éloigner le sommeil de la couche du digne Frère et
pour remplir son âme d'inquiétude. Quand vint le
jour, la préoccupation qui domina toutes les autres
fut le sort des fugitifs. Décidé à sortir à tout prix de
son incertitude, le Frère directeur se dirige de grand
matin vers la porte de Flandre. Il ira jusqu'à une des
premières stations où il sera renseigné, et reviendra
par le prochain train.

« On ne passe pas ! » lui est-il dit.

Il se dirige vers le canal. Là ce n'est plus une simple déception, c'est un danger réel qui l'attend ; quelques flâneurs, qui cherchent l'occasion de faire du zèle, prétendent le reconnaître pour un sergent de ville déguisé ; il n'en faut pas davantage pour ameuter la population.

« A l'eau le mouchard !... à l'eau le brigand, le traître ! » s'écrie-t-on de toutes parts. Et, semblables à la meute qu'excite la fanfare à la poursuite du fier habitant des forêts, la foule se précipite sur les pas du Frère, qui, de seconde en seconde, perdant de l'avance qu'il a sur ses persécuteurs, se voit près de tomber entre leurs mains.

Déjà il a mesuré de l'œil la hauteur de la berge, et il se dispose à se jeter dans le canal afin d'essayer de le traverser à la nage, lorsque la Providence lui inspire une audacieuse mais bienheureuse pensée. Un groupe de gardes nationaux assistaient à ces préparatifs d'exécution populaire, non-seulement sans intervenir pour s'y opposer, mais même en lui donnant par leurs rires et leurs bravos un cruel encouragement. C'est à eux que le Frère s'adresse :

« Au nom de la loi, qui garantit à chacun la liberté et la vie, je vous adjure, s'écrie-t-il, de me protéger contre ces lâches dénonciateurs acharnés à ma perte. »

Quelques-uns essaient de répondre :

« Mort au sergent de ville !...

— C'est faux, ajoute le Frère d'une voix forte... Et d'ailleurs n'y a-t-il plus de tribunaux, de justice à Paris, que les premiers venus s'arrogent ainsi le droit de juger et d'exécuter leurs jugements ? »

Avec cette mobilité d'impression qui modifie si

complétement et si rapidement les sentiments populaires, la foule, acharnée quelques minutes auparavant contre le Frère, prend parti pour lui et se tourne contre les dénonciateurs, qui se hâtent de prendre la fuite.

Pendant ce temps, le Frère s'explique avec les fédérés devenus ses protecteurs. Une enveloppe au timbre de la mairie qu'il a heureusement dans sa poche achève de les édifier sur son identité, et il a maintenant autant de peine à se dérober aux empressements de tout ce monde qu'il en avait tout à l'heure à échapper à ses fureurs. Les gardes nationaux, toutefois, lui refusent la permission de quitter Paris, mais ils lui accordent le droit d'y rentrer et d'y circuler librement.

Le Frère ne se déconcerta pas pour si peu. Le lendemain matin mardi il se rendit résolûment à la gare de l'Est, avec une malle pleine de vêtements de Frères. En voyant décharger le colis sous le péristyle de l'embarcadère, des gardes nationaux s'approchent :

« Vos papiers, citoyen, et la clef de cette malle.

— Mes papiers, les voici...

— Et la clef?

— Mais où a-t-elle passé, cette maudite clef? »

Pendant qu'il s'évertuait à chercher dans ses poches une clef qu'il savait fort bien qu'il n'y trouverait pas, un des gardes nationaux lui demanda quel genre d'objets contient la malle.

« Eh! parbleu, elle est pleine de fusils et de.... cartouches...

— Oui-da! et vous croyez qu'on les laissera passer?

— Vous m'avez l'air de si bons enfants !

— Ne vous y fiez pas ! dit un sergent en riant.

— Nous verrons bien... Mais cette malheureuse clef, qu'en ai-je fait ? »

Les fédérés se mettent à agiter la malle dans tous les sens.

« Il n'y a que des linges là-dedans déclarent-ils d'un ton doctrinal.... Enlevez vos fusils, citoyens, et passez.

— Mais il me faudra ma clef pour les Prussiens.

— Bah ! ils seront peut-être aussi aimables que nous. » Et sur ces paroles, les fédérés rendent au Frère ses papiers sans y avoir jeté un regard et s'éloignent en riant aux éclats.

Quelques heures plus tard, le Frère rentrait rue des Martyrs, rassuré à l'égard des voyageurs, qu'il savait arrivés à bon port, mais plus alarmé que jamais au sujet du dénoûment de la crise qui pouvait entraîner Paris dans l'abîme.

Le vendredi suivant, il faisait partir par le chemin de fer de Lyon une certaine quantité d'objets religieux cachés dans une caisse, au milieu de vêtements de femme. La caisse fut fouillée, sans que le fédéré chargé de l'opération s'aperçût de rien ; en revanche, il se piqua fortement à une aiguille placée dans une pelote. Or, par une coïncidence singulière, cette pelote avait justement la forme d'un mignon petit chapeau de Frère très-artistement travaillé. Le fédéré ne remarqua pas cette circonstance, mais il fit observer avec un juron retentissant que le citoyen avait mal élevé sa *demoiselle*, laquelle riait à cœur joie de l'accident. Le Frère entra dans son sentiment et gronda vertement sa prétendue fille, qui était tout simplement une des nièces qui avaient déjà joué de si bons tours aux fédérés à l'occasion du déménagement et du départ des Frères.

Tous ces soins divers n'empêchaient pas le Frère directeur, qui trouvait moyen de se multiplier, de continuer la classe aux enfants ; ce qu'ayant appris le délégué, il réédita un nouvel ordre d'évacuer l'école, et le fit remettre au tenace directeur par l'instituteur nommé pour le remplacer. La résistance ne pouvant, sans témérité, être poussée plus loin, le Frère se décida à commencer avec son successeur l'inventaire du mobilier scolaire ; mais prenant son temps, il fit durer cet inventaire quatre jours, de sorte que le pauvre instituteur en fut réduit à placer chaque matin un factionnaire à la porte, avec consigne de dire aux enfants peu nombreux qui se présentaient, que l'école laïque n'ouvrirait que le lendemain. Or, pour une cause ou pour une autre, ce lendemain n'arriva que huit jours après ; aussi bien personne ne paraissait pressé, pas plus le maître que les élèves, de voir fonctionner le nouveau programme.

Disons en passant que les enfants du IXe arrondissement, aussi bien que ceux de Montmartre qui n'ont cessé, jusqu'au dernier jour d'exercice de l'école congréganiste de la rue des Martyrs, de fréquenter les classes, ont montré pour les Frères un attachement au-dessus de tout éloge. Après le départ successif de leurs maîtres, ils aidèrent le directeur à faire l'école avec un zèle et une intelligence vraiment remarquables ; et lorsque, le cœur navré et les yeux pleins de larmes, il fallut leur annoncer qu'il n'était plus possible de continuer ainsi, qu'il fallait se séparer, les sanglots éclatèrent dans toutes les classes. A peine ces pauvres enfants eurent-ils informé leurs familles de cette triste nouvelle, que les parents accoururent.

« Nous ne voulons pas d'autres maîtres pour nos enfants ! » disaient-ils ; et ils accablèrent le cher Frère directeur, vivement ému de ce concert d'hommages, expression de leur reconnaissance.

Cette affluence, ces témoignages renouvelés d'estime et de sympathie ne cessèrent que lorsque le Frère directeur, lui aussi tout en larmes, eut quitté la maison.

Mais auparavant il dut se constituer le défenseur des pauvres maîtres laïques, auxquels la jeune population de l'école réservait un accueil à sa façon...

Laissons ici parler le Frère lui-même.

« Après avoir donné un libre cours à leurs regrets, les élèves, dit-il, s'élevant au niveau de l'époque, se préparèrent à une véritable insurrection. Les tables et les murailles se couvrirent d'inscriptions menaçantes, et je dus à trois reprises différentes les leur faire effacer. Forcés de m'obéir sur ce point, les enfants ne se tinrent pas pour battus ; ils modifièrent leurs plans, et j'appris heureusement que le soir une manifestation au bâton devait avoir lieu contre les maîtres qui devaient venir prendre possession des classes à quatre heures. Je vis également que tous les encriers avaient été dévissés, afin qu'à la première séance de l'enseignement communeux, alors qu'on entonnerait le refrain de la *Marseillaise* : « Aux armes, citoyens, » contenant et contenu pussent être lancés à la tête des nouveaux instituteurs.

« Il va sans dire que je n'entendais pas que ce plan s'exécutât. Je prêchai donc l'obéissance et la modération à mes pauvres enfants, que, pour la première fois, je trouvai récalcitrants. Ni raisonnements ni prières ne parvinrent à les convaincre qu'ils n'avaient pas raison de recevoir ainsi les intrus. Les plus grands pleuraient de regret, ou plutôt de colère, à la pensée de renoncer à leurs projets belliqueux, et il ne fallut rien moins qu'un ordre formel (avec cette observation que ce serait ajouter à toutes mes épreuves la plus grande des peines), pour leur arracher la promesse de n'y pas donner suite.

« Cette promesse obtenue, et après des adieux touchants dont le souvenir sera toute la vie pour moi un encouragement et une consolation, je quittai la maison sans attendre l'arrivée de nos remplaçants... Le soir même, je sortis de Paris sans aucune difficulté. Mes forces étaient épuisées, et pendant plusieurs jours il me fut impossible de quitter le lit que le bon Frère directeur d'Aubervilliers mit à ma disposition avec une charité dont je garde bon souvenir. »

III

Cependant, lors du déménagement de la communauté, on avait dû laisser dans la maison quelques gros meubles de transport difficile et, (ce qui tenait bien autrement à cœur au Frère directeur) une magnifique statue de la sainte Vierge et un beau Christ placés précédemment au fond du jardin, et, au lendemain du pillage de Notre-Dame-des-Victoires, enlevés de leur place et soigneusement cachés afin de les dérober aux profanations des fédérés, s'il leur prenait fantaisie de visiter ou de piller la communauté.

Tant qu'il avait été sur les lieux pour veiller à son pieux trésor, le cher Frère n'avait pas songé à l'enlever de sa cachette; mais depuis qu'il avait quitté la maison, c'était devenu pour lui l'objet d'un continuel soin.

Le dimanche 20 mai, il résolut de rentrer à Paris pour en opérer, coûte que coûte, le sauvetage. Ses amis l'en dissuadèrent. La nuit fut terrible; la maison était ébranlée par les formidables détonations des canons de Montmartre.

Il n'y avait plus pour le Frère à songer à un déménagement, l'armée libératrice en faisait un bien autrement important! Il en bénissait Dieu de tout son cœur; toutefois des pensées bien douloureuses venaient se mêler aux espérances du prochain triomphe de l'ordre sur l'anarchie: que de victimes innocentes! que d'âmes en peine! que de sang! que de ruines! Et pour lui personnellement, que de justes sujets d'angoisses! toute sa famille en péril au milieu de la mitraille, menacée par les fédérés, auxquels elle était justement suspecte, et exposée aux représailles de nos troupes quand elles entreraient à Paris, sans compter le feu et la mitraille, dont le pauvre Frère voyait les jaunes reflets, entendait les sinistres éclats en se demandant si ceux qu'il aimait et qui lui étaient si dévoués, échapperaient à leurs cruelles atteintes.

La situation était affreuse, et pour donner la force

de la supporter avec résignation, il ne fallait rien
moins que la pensée de cette tendre sollicitude dont
Dieu avait entouré si manifestement les fils du vénérable de la Salle pendant cette période d'épreuves et
de persécution.

Le samedi 26 mai, le bon Frère directeur, n'y
tenant plus, entreprit de se rendre à pied à Charenton, afin de porter quelques consolations à plusieurs
femmes de sa famille qui s'y étaient réfugiées,
laissant leurs époux et leurs fils au milieu de la bagarre.

Arrivé à Vincennes, qu'il croyait aux mains de l'armée, il se trouva au milieu de fédérés dont l'excitation
était effrayante à voir, et, malgré tout son courage,
il ne put s'empêcher de trembler un peu à la pensée
qu'à la première velléité curieuse qui porterait un de
ces terribles citoyens à visiter son sac, lequel contenait son habit religieux, il aurait, sans contredit, un
mauvais quart d'heure à passer.

Dieu lui vint en aide ; un brave garçon qu'il avait
rencontré sur la route quelques moments avant d'arriver à Vincennes, et qui lui avait offert une place
dans sa carriole, ayant sans doute surpris un de ces
regards inquiets qu'il jetait malgré lui sur son sac, le
lui enleva des mains, et le cacha sous la paille qui
couvrait le fond de sa charrette : « Soyez tran-
quille, dit-il, ils n'iront pas le chercher là. » En effet,
la paille ne fut pas remuée, et la valise échappa à toute
investigation.

Cependant une barricade ayant forcé la voiture à
s'arrêter, et cela juste en face d'une buvette, le Frère
pensa qu'il ne pouvait se dispenser de récompenser
la bienveillance du brave paysan en lui offrant de se

rafraîchir. On descend de voiture, on pénètre dans l'établissement ; deux fédérés y entrent en même temps. Acheter leur complaisance par un verre de vin, c'était assurément ce à quoi ils s'attendaient, et il faut avouer que ce n'était pas payer trop cher en pays ennemi la protection de deux grands gaillards qui paraissaient fort déterminés.

Le Frère n'hésite pas.

« Ces citoyens ne refuseront pas de trinquer avec nous, » dit-il, et il commande quatre canons de vin blanc, d'une voix plus ferme en apparence qu'elle n'était en réalité ; car le religieux était tout interdit du rôle que les circonstances le forçaient à jouer.

« Si l'on m'apercevait dans cet affreux vinage, effleurant de mes lèvres le verre de ces hommes aux traits hideux, aux propos plus hideux encore, que penserait-on ? » se demandait-il. Et il ajoutait : « Cependant mon bon ange me voit ; me pardonnera-t-il la triste compagnie que je lui inflige ? »

Le maître de la carriole était un de ces malins paysans qui cachent sous un air de naïve bonhomie une étonnante perspicacité. Sans avoir le secret de son compagnon, il avait deviné qu'il ne se sentait pas en sûreté au milieu des insurgés, et, avec autant d'à-propos que de bonté, il vint à son aide.

« Par où pourrons-nous sortir avec notre carriole ? demanda-t-il aux fédérés ; l'*oncle* et *moi* nous allons à Charenton chercher not' bébé, et je ne voudrions pas nous attarder... »

On indiqua au vrai père du bébé et à son oncle supposé le moyen de quitter Vincennes, et ils s'éloignèrent en bénissant Dieu de les avoir si heureusement tirés sains et saufs du péril.

IV

La guerre civile touchait enfin à son terme dans Paris. L'habit religieux pouvait s'y montrer sans danger ; mais le difficile était d'y entrer. Les circonstances, en effet, nécessitaient de la part des autorités la plus grande circonspection ; il était difficile de se procurer des laissez-passer, quand on n'avait pas des papiers établissant parfaitement son identité.

Le Frère directeur de la rue des Martyrs devait faire une rude expérience de cette difficulté. Sa figure, ornée d'une barbe plus que naissante, devait lui donner sans doute une certaine ressemblance avec quelque membre influent de la Commune, car plus de vingt fois il fut arrêté avant d'entrer dans Paris. Une de ces arrestations fut signalée par un curieux incident.

Voici comment le cher Frère la raconte.

« Dans une gare où je me promenais en attendant le départ du train, je fus arrêté quatre fois, et je crus un instant qu'il me serait impossible de continuer mon voyage.

« Il me fut cependant permis de monter en wagon, mais en compagnie de deux gendarmes, seuls avec moi dans le compartiment, dont on écartait tous les autres voyageurs.

« En me voyant l'objet de tant de sollicitude, je me

hasardai à demander au gendarme assis en face de moi s'il était chargé de me surveiller.

« — Je fais mon service, » me répondit-il sèchement.

« Plusieurs autres questions ne reçurent pas d'autre réponse.

« Imaginant que la vue de ma photographie rassurerait mon gardien, je la sors de mon portefeuille et je la lui présente.

« — Le frère D...! s'écrie-t-il. Mon ancien professeur, dont je ne cesse de parler à mon fils, élève, comme je l'ai été avant lui, du pensionnat de Niort! Ah! si vous connaissez ce brave Frère, s'il vous honore de son amitié, vous ne pouvez être qu'un honnête homme... Je suis prêt à en répondre...

« Mais, reprend-il après m'avoir regardé quelques instants avec des yeux pleins de larmes, je ne me trompe pas, c'est lui-même... C'est vous, mon très-cher Frère! Ah! brigand que je suis de ne pas vous avoir reconnu tout de suite! »

« Et le digne homme se jette dans mes bras : « Cette fois, dit-il, je vous arrête bel et bien, non plus au nom de la loi, mais au nom de l'amitié. »

« J'eus toutes les peines du monde à le faire renoncer à me retenir prisonnier, et ce ne fut qu'après que je lui eus formellement promis de l'aller voir à la première occasion qu'il me laissa continuer mon voyage. Je ne pus néanmoins entrer à Paris que quelques jours après. »

V

« Le samedi 3 juin, continue ce Frère, notre maison nous fut rendue, et le lundi 5, nous rouvrions nos classes à la grande satisfaction des enfants et de leurs parents. Il est impossible de décrire toutes les marques de sympathie qui nous furent données à cette occasion, même par la population de Montmartre.

« L'instituteur laïque qui nous avait remplacés s'était d'ailleurs parfaitement comporté dans sa nouvelle et éphémère position. Il reprit la position de maître-adjoint dans l'école de la rue de la Victoire, qu'il avait quittée par ordre du délégué.

« Dès le quatrième jour après sa réouverture, notre établissement avait repris sa physionomie des plus beaux jours. Les nombreux enfants qui avaient quitté l'école le jour de notre départ revenaient tout heureux de retrouver leurs maîtres bien-aimés. Que de larmes j'ai vu couler sur leurs petites joues dans l'effusion des premières entrevues! et combien de fois les miennes se sont mêlées aux leurs et à celles de leurs bons parents, qui ne se lassaient pas de venir nous témoigner le bonheur qu'ils éprouvaient à pouvoir nous confier leurs enfants, afin, comme ils le disaient hautement, que nous en fissions de bons chrétiens, incapables des crimes qui venaient de souiller Paris.

« Cette œuvre grande et bénie entre toutes, cette
œuvre de régénération morale de la société par l'édu-
cation religieuse de la jeunesse absorbe maintenant
et plus que jamais tous nos soins. Dieu fait sortir le
bien des plus grands maux ; espérons donc que des
désastres de la patrie naîtra pour nous, instituteurs
chrétiens, une ère nouvelle de zèle, de dévouement,
de succès dans notre pieuse tâche. Aussi bien sera-ce
l'infaillible et peut-être le seul moyen de cicatriser
ses plaies. »

COMMUNAUTÉ

DU

FAUBOURG SAINT-MARTIN

N° 159

I

L'épreuve pour les Frères du faubourg Saint-Martin a de beaucoup devancé l'époque de la Commune, et par épreuve je n'entends pas ici la part prise aux malheurs de la guerre, aux angoisses de la France, aux soins des blessés; c'étaient là des devoirs dou-loureux sans doute; mais, bien loin de s'en plaindre, chaque cœur chrétien s'estimait heureux et fier de pouvoir y participer.

Je veux parler de la période de persécution, de pro-fanation qu'en certains quartiers excentriques les fu-

turs communeux étaient parvenus à inaugurer avant
d'arriver au pouvoir. Ainsi, au début du siége de
Paris, alors qu'un sentiment de pudeur nationale fit
fermer les théâtres, la municipalité du quartier, se
gardant bien de sevrer les habitants de plaisirs mal-
sains en tout temps, et qui étaient devenus, avec les
circonstances, une insulte aux souffrances du pays,
imagina de transformer le préau de l'école en salle
de spectacle. Des acteurs, des actrices de pire catégorie y venaient représenter des comédies et des
drames qui retenaient le public jusque bien avant
dans la nuit.

Le lendemain de ces représentations, qui trop souvent dégénéraient en véritables saturnales, les pauvres
Frères, dont la tranquillité de corps et d'esprit avait
été si péniblement troublée par le tapage assourdis-
sant de la nuit, devaient, avant la classe, en faire disparaître les traces écœurantes...; parfois ces traces
souillaient jusqu'au plancher et aux tables des
classes..; parfois encore des bancs brisés, des vitres
en éclats, des becs de gaz démontés témoignaient
des querelles, des luttes auxquelles avaient abouti les
plaisirs de la soirée...

Après l'armistice, ce même préau servit de salle de
club pour les réunions électorales, et les pieux habitants de la maison, si hermétiquement qu'ils se bou-
chassent les oreilles, entendaient arriver à eux l'écho
des applaudissements et des bravos frénétiques qui
accueillaient l'exposé des principes subversifs, de ce
que, par un de ces no-nsens particuliers à notre
langue, nous appelons les doctrines les plus avancées.

Les hommes du 18 mars n'eurent garde de manquer à ces précédents. Le préau ne fut plus trouvé

suffisant, et les salles de classe furent presque journellement requises par les bataillons de la garde nationale, qui venaient y élire leurs chefs.

Les Frères, qui avaient pris en patience tous ces
empiètements (tant qu'eux seuls en avaient été victimes), souffraient cruellement lorsqu'au milieu de
l'après-midi il leur fallait couper court à la classe
commencée et congédier les enfants pour livrer le
local aux élections sans cesse renaissantes. Ils essayèrent de réclamer auprès de l'autorité; on leur
répondit que tout devait s'effacer devant la grande
question de l'organisation de la Commune.

Des préoccupations d'un autre genre se mêlaient à
ces ennuis journaliers; l'exclusion de l'élément congréganiste avait été décrété en principe, et l'on devait
s'attendre chaque jour à voir paraître un arrêté qui
appliquât à la communauté la mesure générale. Il est
vrai de dire que les bons Frères, très-appréciés et
aimés dans leur quartier, recevaient à chaque instant
l'assurance de tant de dévouement, que toute crainte
pour leur sûreté personnelle, pour le moment du
moins, devait être écartée. La population était unanime dans l'expression de sa sympathie et se montrait
très-décidée à employer la force, s'il le fallait, pour
les défendre, dans le cas où il leur serait fait la moindre
violence. C'était là, sans doute, une grande consolation; mais c'était à un certain point de vue un motif
de plus d'appréhension; en vrais disciples du Dieu
d'amour, pour des hommes de paix, la perspective
de devenir l'objet de collisions et de luttes, les épouvanta plus que ne le sauraient faire tous les dangers
du monde.

Le 15 avril, un délégué de la Commune se présenta

à la communauté : il venait s'enquérir du nombre des classes et du chiffre des élèves qui les fréquentaient. Il ne dissimula nullement au Frère directeur que les dispositions étaient déjà prises pour remplacer dans l'arrondissement les religieux par des instituteurs laïques; puis, faisant allusion à la popularité des Frères :

« Il est vrai, ajouta-t-il en souriant avec ironie, « que vous pouvez nous faire concurrence en... « créant des écoles libres. Chacun sait que l'argent « ne vous manquera pas pour cela (1). »

Sur ces derniers mots, qui contenaient une menace tacite, car on savait déjà quel prix ces Messieurs attachaient à s'emparer de l'argent qui ne leur appartenait pas, le délégué se retira, laissant le Frère directeur fort inquiet de la responsabilité qui lui incombait. Fallait-il mettre son personnel en sûreté, ou devait-il attendre les événements ?

Trois jours se passèrent dans cette incertitude; le 18 au soir, une lettre était mystérieusement remise au Frère directeur. Elle venait de source sûre et prévenait les Frères que, sous quarante-huit heures, ils devaient être tous arrêtés et incorporés dans les bataillons de marche de la garde nationale.

Il n'était plus temps d'hésiter; on décida donc séance tenante que, la nuit même, on évacuerait la communauté.

Le Frère directeur distribua des habits laïques aux Frères, leur remit quelque argent, et chacun, se con-

---

(1) Lockroy, Mottu, Marmottan ne tiennent pas d'autre langage. Ils veulent établir légalement ce que la Commune a essayé en vain de fonder par la violence.

fiant à la grâce de Dieu, s'en alla qui chez un ami, qui chez un parent. Le Frère directeur parvint à sortir de Paris avec les cinq plus jeunes Frères, dont il n'avait pas voulu se séparer ; les autres membres de la communauté franchirent isolément les fortifications, et peu de jours après s'être séparés, tous étaient en sûreté dans les maisons de l'institut.

Quand je dis tous, je me trompe ; un d'entre eux, le Frère A. F., chargé des enfants de chœur de la paroisse Saint-Joseph, put rester à son poste. Jusqu'à la fin de la Commune il fit, sans être inquiété, régulièrement la classe à ses élèves dans une salle dépendante de l'église.

La population du quartier n'apprit pas sans indignation et sans colère le départ forcé des Frères. Un grand nombre de parents allèrent exprimer leurs regrets aux concierges des diverses écoles ; d'autres, sachant que le Frère directeur s'était refugié à Beauvais, lui écrivirent les lettres les plus touchantes.

II

Cependant, le jour même où les Frères quittaient la communauté, le citoyen Poirson recevait sa nomination de directeur de l'école du faubourg Saint-Martin. Pendant les trois jours qu'il employa à faire ses préparatifs et à choisir ses maîtres-adjoints, la proclamation suivante s'étala sur les portes fermées de l'école, ainsi qu'à la mairie et sur les points principaux de l'arrondissement :

« Le public est prévenu que l'école communale de « garçons du faubourg Saint-Martin vient d'être con-« fiée à la direction d'instituteurs laïques offrant « toutes les garanties d'instruction et de moralité « désirables.

« L'enseignement, exclusivement rationnel, com-« prendra : la lecture, l'écriture, la grammaire, « l'arithmétique, le système métrique, les premiers « éléments de géométrie, la géographie, l'histoire « de France, la *morale rationnelle,* la musique vocale, « le dessin artistique et industriel.

« Tous les enfants de six à quinze ans, quelles que « soient leur nationalité et la religion qu'ils profes-« sent, seront admis sur la présentation d'une carte « délivrée par la mairie. Les élèves qui ont déjà fré-« quenté l'école n'ont pas besoin d'une nouvelle « carte d'admission.

« Ouverture de l'école le 24 avril, à huit heures du « matin. Cours public de morale rationnelle et de droit « politique tous les jeudis, à huit heures du soir, par « le citoyen Poirson, licencié en droit et directeur de « l'école. Le directeur recevra les parents des élèves « de neuf heures à quatre heures du soir, les di-« manches et jeudis exceptés. »

Malgré cette engageante proclamation, les élèves se montrèrent peu empressés; si le nombre, d'abord très-restreint, s'éleva par la suite, ce fut uniquement parce que les familles, ne pouvant les surveiller et redoutant de les voir exposés à traîner dans les rues en un semblable moment d'effervescence, choisissant entre deux maux le moindre, se décidèrent à les envoyer en classe.

Nous devons dire, du reste, à l'éloge du citoyen Poirson, qu'il se conduisit en homme honnête et loyal. Par son ordre, les appartements et les cellules des Frères furent tenus constamment fermés; rien n'y fut enlevé, et il empêcha ses adjoints de s'y loger.

Pendant les huit jours de lutte terrible qui aboutirent à la chute de la Commune, il demeura à l'établissement une partie des nuits, protégeant la maison par tous les moyens possibles et allant même — au dire du concierge — jusqu'à empêcher un piquet de gardes nationaux d'y mettre le feu.

Après le renversement de la Commune, le citoyen Poirson fut autorisé par le maire à continuer de diriger l'école jusqu'au retour des Frères. Mais M. de Montmatras, inspecteur primaire, refusa de ratifier cet ordre et enjoignit aux concierges de fermer la porte aux instituteurs communeux. Dès le lendemain il envoyait dans l'établissement des maîtres de son choix qui y firent l'école jusqu'au vendredi 2 juin, jour où les Frères reprirent possession des classes.

III

Cette reprise de possession fut entourée de circonstances vraiment touchantes.

Les Frères rentraient à Paris à pied, leur sac à la main ; soit qu'ils fussent prévenus, soit qu'un heureux hasard les eût guidés, un certain nombre de leurs élèves se trouvaient aux fortifications au moment où ils les franchissaient. Aussitôt ces braves enfants se précipitent vers leurs maîtres bien-aimés, les acclament, les entourent, s'emparent de leurs bagages et les ramènent triomphalement à travers ce quartier populeux, où leur présence est saluée avec empressement et bonheur.

On arrive ainsi à la maison d'école ; les enfants, obéissant à un mouvement unanime, se lèvent de leurs bancs ; ils battent des mains avec frénésie. — Vivent les Frères ! Vivent les Frères ! crient-ils de toutes leurs forces ; des sanglots se mêlent à ces cris ; la joie déborde de tous les cœurs (1).

Cette joie trouva un écho au sein des familles, et

(1) Cette joie s'est manifestée sur tous les points de la capitale et même dans les quartiers les plus excentriques. Tel vote pour Lockroy, Bonvalet ou Mottu, qui se garderait bien d'envoyer ses enfants à l'école laïque : il ne veut les confier qu'aux *ignorantins*. Cela peut paraître étonnant ; mais, dans la pratique, c'est fort commun.

pendant plusieurs semaines l'affluence des parents qui venaient féliciter les Frères de leur heureux retour et se féliciter eux-mêmes de sentir leurs enfants entre leurs mains, ne tarissait pas.

Aujourd'hui les écoles du faubourg Saint-Martin sont plus prospères qu'elles ne l'ont jamais été ; les élèves y sont si nombreux qu'à la mairie on doit ajourner les nouvelles demandes d'admission ; l'émulation parmi eux est stimulée par la pensée du temps perdu et par le désir de compenser, autant qu'il est en eux, par leur application et par leurs progrès, tout ce que leurs dignes maîtres ont souffert.

Quant à ceux-ci, ils ont retrempé leurs forces dans l'épreuve, de telle façon qu'ils se surpassent eux-mêmes dans le zèle et le dévouement, qui semblaient ne pouvoir s'augmenter.

LES

ÉCOLES DE BELLEVILLE

————

I

Belleville, centre et dernier foyer de l'insurrection, avait tenu à honneur de ne se laisser surpasser par aucun autre arrondissement dans son ardeur à donner la chasse aux *prêtres* et aux *ignorantins*.

Dès la fin de mars, un mandat d'arrêt fut donc lancé contre le Frère directeur, et quinze hommes furent désignés pour mener à bonne fin cette glorieuse entreprise. Il est vrai de dire que, par un raffinement de haine contre la religion, l'arrestation n'eut pas lieu à la communauté, mais à l'église; les fédérés qui en étaient chargés se procurèrent ainsi le double mérite et l'insigne satisfaction de profaner la maison de Dieu en persécutant un de ses serviteurs.

4

Cette mise en scène sacrilége fit, on le conçoit, le plus grand honneur à ceux qui l'avaient imaginée, et le pauvre Frère directeur, ayant osé en faire remarquer l'inconvenance, fut accusé par le délégué, devant lequel on l'avait conduit, du crime irrémissible de faire de la propagande jusque dans la mairie.

Beaucoup d'autres griefs furent ajoutés à celui-là et donnèrent matière à un procès-verbal de plusieurs pages, qui ne concluait à rien moins qu'à l'envoi des coupables à la Préfecture de police.

Par bonheur, un père de famille qui, ayant eu ses enfants chez les Frères, savait par expérience combien étaient fausses les allégations portées contre eux, s'opposa avec beaucoup de vivacité à cette mesure. Sur ces entrefaites survint Flourens, qui, apportant à trancher la question la vivacité et l'autorité impérieuse qu'il mettait à toutes choses, s'approcha du Frère, le saisit par le bras, et l'entraînant hors de la salle : « Rentrez chez vous, lui dit-il, et surtout ne revenez plus ici ; il n'y fait pas bon pour les hommes de votre robe ! »

Avec moins de zèle et de courage, le Frère directeur aurait vu dans ces paroles le conseil de quitter un poste évidemment périlleux ; mais le religieux ne compte pas le danger, sa consigne est de demeurer jusqu'au bout fidèle à son drapeau. Les Frères de Belleville ne s'épouvantèrent donc pas, et, après avoir pris conseil de leurs supérieurs, ils décidèrent qu'ils ne s'éloigneraient de leur communauté que lorsqu'ils en seraient expulsés par violence.

Le soir du 12 avril, à dix heures moins un quart, et alors que tout le monde était couché, le citoyen Prud'homme, un des membres les plus ardents de la

Commune, à la tête d'une compagnie de gardes nationaux, cerna la maison et s'en fit ouvrir les portes. Il
s'était fait donner la mission d'arrêter tous les Frères
en masse.

Par bonheur, un des Frères avait fait une partie de
ses études avec lui au séminaire du Mans; ils se recon-
nurent, et, sous le coup de cette émotion que ne
manquent jamais d'évoquer dans les cœurs les souve-
nirs de la jeunesse, cet ennemi acharné de tout ce
qui portait l'habit religieux s'adoucit soudain et offrit
aux Frères, trop heureux de cette condescendance inattendue, de les laisser passer la nuit dans leur maison, au lieu de les conduire à la Préfecture de police.
Des sentinelles furent placées à toutes les issues; un
corps de garde fut établi dans la loge du concierge,
et Prud'homme se retira après s'être engagé à laisser
les Frères évacuer le lendemain en toute liberté la
maison, à la condition toutefois de ne rien emporter
de ce qu'elle contenait, et d'y laisser à titre de professeurs le Frère placé à la tête de la première classe,
ainsi que celui qui avait été son condisciple au Mans.

Le Frère directeur avait adhéré à ces conditions;
mais des allées et des venues, des chuchotements qui
eurent lieu le lendemain matin, et surtout la communication qui lui fut donnée du programme adopté pour
les classes, le décidèrent à emmener tout son monde.
Avant le soir, la maison, vide de ses pieux et dévoués
habitants, était à la disposition de la Commune.

Prud'homme ne tarda pas à se repentir d'avoir
laissé échapper ses victimes; il prit patience cependant, espérant sans doute que le désir de sauver quelques-uns des objets abandonnés ramènerait les Frères
au piége; mais, ceux-ci s'étant bien gardés de se ris-

quer par un mobile d'intérêt sur un terrain où ne les
appelait plus aucun devoir à remplir, aucun acte de
dévouement à exercer, la haine du délégué ne se
contraignit plus : il mit à prix la tête des dignes
Frères (1).

Cependant ceux-ci n'avaient pas quitté l'arrondissement. Reçus dans une honnête famille au bas de
Belleville, après s'y être tenus cachés pendant près
d'un mois, ils s'y croyaient en sûreté jusqu'à la venue
de jours meilleurs, lorsque leurs hôtes furent prévenus que le bruit courait dans le quartier que la
maison recélait des *calotins de la pire espèce*. Cette
rumeur ne pouvait manquer d'arriver aux oreilles de
l'autorité; il fallait donc, sinon par prudence pour
soi-même, du moins afin de ne pas compromettre
des amis, s'éloigner sans retard.

Que faire ?... Où aller ?... Le Frère directeur estima
que le plus sage et le plus sûr était de tâcher de quitter Paris. On se déguisa le mieux qu'on put; on partit
séparément, et, Dieu aidant, on se trouvait le même
soir tous en sûreté et réunis au Pré-Saint-Gervais,
chez M. Fleury, où l'on s'était donné rendéz-vous.

De là, après avoir reçu les ordres des supérieurs,
les Frères se rendirent à Noyon, où ils arrivèrent le
16 mai, et qu'ils quittèrent le 2 juin pour venir reprendre possession de leurs classes.

Un d'entre eux, le Frère Germier, qui ne les avait
pas accompagnés dans leur fuite, était bravement
demeuré dans le quartier, surveillant, sauvegardant,

---

(1) Une affiche apposée en nombre dans Belleville promettait
quinze francs à quiconque amènerait à la mairie un Frère, et trente
francs pour qui arrêterait le Frère directeur.

autant que possible, les intérêts de tous ; allant, pendant les derniers jours de la terreur, jusqu'à la mairie reprendre tout ce qu'il put arracher aux pillards du butin de la maison (1).

Que de souffrances morales il avait endurées, à part même les craintes que lui inspiraient son ignorance au sujet de ce qu'étaient devenus ses confrères et ses inquiétudes à son propre égard ! Quels serrements de cœur en recueillant, par exemple, l'écho des refrains d'orgie qui s'échappaient à tout instant de cette demeure sanctifiée naguère par les exercices de piété de la communauté et par les édifiants entretiens des Frères ! Quelles légitimes angoisses en recueillant l'écho de cette autre profanation bien autrement douloureuse qui portait non plus sur des objets inanimés, tout sacrés qu'ils étaient pour lui, mais sur ce qu'il y a de plus précieux devant le Seigneur et devant les hommes ; des cœurs innocents et purs, des âmes créées à l'image de Dieu et auxquelles on enseignait hautement que Dieu n'existait pas, ou plutôt que *le seul vrai Dieu est la matière* (2) !

(1) Après avoir dépeint, dans une lettre que nous avons sous les yeux, les événements de cette dernière semaine de lutte si terrible, surtout dans le quartier qu'il habitait, le Frère Germier, qui, jusqu'alors, avait continué à faire la classe à la maîtrise de Ménilmontant avec un calme et un courage au-dessus de tout éloge, ajoute avec une simplicité d'une éloquence indicible, si l'on songe dans quel moment la scène qu'il décrit se passait : « Je profite de ces six derniers jours pour faire rentrer à la maison différentes choses qui avaient été apportées à la mairie par les communeux ; je fais nettoyer nos appartements, qui étaient dans un état ignoble ; je prépare quelques lits pour recevoir les Frères ; je me dispose moi-même à rouvrir l'école pour que les enfants ne restent pas dans les rues... »

(2) Nous trouvons dans un petit ouvrage dont nous parlerons tout

II

La maison avait été pillée, saccagée ; tout y portait l'empreinte de la malpropreté et du désordre. Pas une seule pièce n'était habitable ; les Frères ont dû, pendant dix jours, aller coucher et manger dehors, ce qui ne les a pas empêchés de rouvrir leurs classes dès le 5 juin.

La terreur qu'inspirait la Commune était telle que, lors de leur départ, non-seulement personne n'avait manifesté la moindre opposition à l'acte arbitraire dont ils étaient victimes, mais leurs partisans les plus dévoués n'avaient osé risquer aucune marque de respect, de peur de se compromettre en leur adressant le plus léger signe d'adieu ; ils s'étaient tenus cachés !... La plume tremble en gravant le souvenir d'une telle lâcheté morale ! Et parfois il semble que mieux vaut avoir affaire à des adversaires déclarés, dont au moins on peut savoir le nombre et la force, que de se trouver en présence de ces abstentions pusillanimes qui laissent faire le mal tout en désirant le bien.

à l'heure, et qui servait de livre de lecture aux enfants de l'école de Belleville (un millier d'exemplaires ont été ramassés dans les classes après la rentrée des Frères), cette définition de Dieu, que nous nous abstenons de commenter.

A Belleville donc, comme dans la plupart des quartiers de Paris, les religieux et les religieuses, traqués, pourchassés, ne connurent l'opinion publique — qui partout leur était favorable — qu'à leur retour. Alors seulement furent exprimés les regrets, éclatèrent les témoignages de sympathie. Pour quelle part l'expérience et la comparaison entre ce que l'on avait repoussé et ce que l'on avait mis à la place, entraient-elles dans cette joie générale qui salua le retour des pieux instituteurs? Un rapide tableau de ce qui s'était passé à Belleville pendant leur absence, tableau dont nous retrouverons le pendant dans chacune des autres écoles de Paris, édifiera le lecteur à cet égard.

En sa qualité d'ancien séminariste, Prud'homme se jugea compétent en matière d'enseignement, et, en effet, nul mieux que lui ne pouvait en connaissance de cause battre en brèche les pratiques pieuses et les principes religieux des écoles chrétiennes.

Le jour où, après l'expulsion des Frères, les enfants entrèrent pour la première fois en classe, un d'entre eux s'étant avisé de demander s'il fallait faire la prière, Prud'homme, furieux, s'écria, avec un accent de rage qui épouvanta le pauvre petit, que le premier qui parlerait de Dieu ou de prière serait pendu au plafond.

« De bons Français, de bons patriotes ne devaient connaître d'autres *oremus* que nos chants nationaux, » ajouta-t-il.

Et il entonna la *Marseillaise,* que les enfants effrayés se mirent à hurler à tue-tête.

Après avoir ainsi inauguré l'enseignement communeux des générations nouvelles, le fougueux délégué, s'emparant d'un marteau et se faisant aider par les plus grands élèves, brise les Christs, les bénitiers, les statues, tandis que les petits arrachaient et lacéraient les images, les sentences pieuses.

Cette œuvre de destruction achevée dans les classes, on alla la continuer dans le reste de la maison. Aucun objet de piété n'échappa à cette rage iconoclaste.

Mais ce n'était pas assez d'avoir banni de l'établissement l'image et le souvenir de Dieu, il fallait en faire disparaître la sainte doctrine, la divine parole : évangiles, catéchismes furent détruits en masse. On y substitua une sorte de petit catéchisme maçonnique dont nous avons déjà cité quelques passages et dont l'intitulé : *Dieu devant la science, ou Religion et franc-maçonnerie*, par Édouard Roullier, indiquerait suffisamment combien peu il serait à la portée de jeunes intelligences, alors même qu'il ne serait pas odieusement bourré des plus épouvantables impiétés. On ne saurait imaginer tout ce que l'auteur a pu faire entrer de blasphèmes, de mensonges, d'infamies dans ces dix-huit petites pages, dont les premières lignes affirment que « la connaissance de Dieu, celle qui est la seule nécessaire, utile, possible, se trouve dans la science, la vraie science.

« La connaissance de Dieu enseignée par la théologie, dans le fond des sanctuaires, dans l'obscurité des séminaires, continue l'auteur, est une erreur profonde. »

Et il conclut en ces termes : « Le théologisme et le métaphysicisme ont fait leur temps.

« Voici venir le règne du positivisme ; l'âge d'or apparaît dans les nues ; la science est la maîtresse du monde ! »

Pauvre science ! pauvre monde ! Je doute que ce

pathos ajoute beaucoup au progrès de la première et au bonheur du second ; mais je me demande quel courant de folie a pu, — abstraction faite de la question de doctrine, — mettre aux mains de l'enfance un livre semblable.

Vous dites, messieurs les libres-penseurs, — et c'est là votre principal argument contre l'enseignement congréganiste, — vous dites que vous voulez réserver chez l'enfant la liberté de conscience, en ne lui inculquant avant l'âge de raison aucune croyance préconçue. A cela nous pourrions répondre que vouloir ainsi laisser se développer une jeune âme sans lui prêter le secours d'une nourriture spirituelle qui la fortifie et la dirige, c'est absolument comme si, dès le berceau, vous supprimiez à l'enfant le lait maternel, sous prétexte qu'il faut attendre pour nourrir le corps que l'estomac soit en état de choisir librement les aliments qui lui conviennent. — Mais pour le moment, nous ne voulons point discuter cet argument ; nous nous plaçons, au contraire, sur votre terrain. Vous nous interdisez de déposer dans le cœur de l'enfant le germe de la foi de nos pères, et cela par respect pour le droit que vous attribuez à tout être pensant de choisir son Dieu et son culte. Soit ; mais ne devez-vous pas vous imposer la même réserve. Et comment excuserez-vous le manque de loyauté avec lequel vous vous hâtez, aussitôt que vous êtes maîtres de nos écoles, de répandre l'erreur là où vous nous empêchez de semer la vérité, de répandre les ténèbres là où vous nous déniez le droit de porter le flambeau de la lumière ? Eh quoi ! nous ne devons pas parler de notre Dieu pour le faire connaître, et il vous serait permis d'en parler pour l'outrager ! En vérité,

la partie est par trop inégale, et il est aisé de juger
qu'en cela, comme en toutes choses, MM. les communeux étaient très-habiles à se faire la part du lion.

Avec le petit ouvrage dont nous venons de parler,
et qui servait de livre de lecture courante, le *Père
Duchêne* était l'auteur préféré des professeurs. Les
termes orduriers et les jurons multipliés de cette
feuille ignoble devaient donner une saveur de haut
goût à leur enseignement. Reste à savoir si cette lit-
térature, beaucoup trop populaire, était de nature à
élever le niveau intellectuel de la classe ouvrière!
Par bonheur, le temps a manqué pour en faire l'expérience.

Cependant, ne se trouvant pas servis à souhait par
les élucubrations fantaisistes de Vermesch et compagnie sur les robes noires de toute catégorie, les suc-
cesseurs des Frères dans les classes de Belleville ima-
ginèrent de composer de gentilles petites dictées
destinées à édifier les enfants sur le compte de leurs
prédécesseurs. Quelques-unes de ces dictées, restées
dans les pupîtres, sont entre nos mains. Nous res-
pectons trop nos lecteurs pour les reproduire ici :
disons seulement que toutes les inepties imaginées
par l'impiété du XVIIIe siècle y sont rajeunies au goût
de notre époque, et présentées sous une couleur et
dans un style qui conviennent si peu à l'enfance que
le maître lui-même, tout en les dictant à ses jeunes
élèves, a soin d'employer les mots: Pères de famille...
Citoyens... Il est évident que l'écolier n'est, dans sa
pensée, qu'un intermédiaire, une sorte de perroquet
destiné à faire pénétrer ces diatribes infâmes au foyer
de la famille... C'est ainsi qu'ils exploitaient ce doux
et aimable apostolat de l'enfance que les Frères s'ef-

forçaient, eux aussi, de mettre à profit ; mais dans quel esprit différent !

Quoi qu'il en soit, les maîtres communeux dépassèrent le but qu'ils se proposaient : ils voulaient à tout prix populariser leur enseignement dans le quartier, et ils n'aboutirent qu'à rebuter ou démoraliser les enfants et effrayer les parents.

Ceux-ci, inquiets à bon droit de l'esprit d'indiscipline qui se développait dans leurs enfants avec une rapidité sans égale et se manifestait par un langage sans pudeur et par l'exposé de sentiments d'indépendance et de révolte qui n'allaient à rien moins qu'à supprimer, dans la famille, l'autorité paternelle aussi lestement qu'on avait supprimé à l'école l'autorité divine, ceux-ci, dis-je, n'hésitent pas à enrayer le mal en interdisant à leurs enfants la fréquentation de l'école, dont les bancs se dégarnirent à tel point qu'à l'issue de l'insurrection, les maîtres, découragés, se demandaient quel sortilége employaient ces coquins de Frères pour retenir les élèves autour de leur tribune.

Ce sortilége tout naturel : le zèle, l'affection, la bienveillance, les dignes enfants du vénérable de la Salle l'ont ramené avec eux en revenant prendre possession de leurs écoles. Sous leur douce autorité est revenue se ranger, avec empressement et bonheur, la jeune génération du quartier ; et les parents, pleins de confiance et de reconnaissance, se plaisent à proclamer en eux les véritables et fidèles amis des pauvres, les éducateurs par excellence des classes ouvrières.

L'autorité municipale, de son côté, leur prête le concours le plus bienveillant, de telle sorte qu'on

peut, en toute exactitude, leur appliquer cette image
de la sainte Écriture : Comme l'or se purifie en passant par le feu, ainsi le creuset de l'épreuve a donné,
sinon plus de force, du moins plus d'éclat à leurs
vertus.

LES ARRESTATIONS

SOUS LE RÈGNE DE LA COMMUNE

I

Dès que l'accès de Paris fut possible, nous vîmes arriver successivement, au noviciat de la rue Oudinot, les Frères qui, de tous les environs, venaient s'assurer que notre chère maison était encore debout. En voyant la capitale comme enveloppée d'un manteau de flammes, tous avaient tremblé pour ce berceau de l'Institut que les directeurs, ils le savaient, avaient été contraints d'abandonner. Cette maison, la retrouveraient-ils en ruines, ou pourraient-ils encore y presser dans leurs bras ceux que la persécution avait atteints ? Que d'actions de grâces, lorsque l'on put enfin se compter, se retrouver sains et saufs, et reconnaître sur les murailles, sur les emblèmes et les statues, non l'empreinte des mains perverses, mais comme la trace visible d'une préservation attentive et toute providentielle!

Parmi les Frères il n'en était guère qui n'eussent subi quelque avanie, couru quelque danger. Nous connûmes bientôt les phases émouvantes qu'avaient traversées nos communautés de la banlieue pendant les jours néfastes de la Commune. Je crois devoir consigner ici quelques récits intéressants, et je commence par celui de nos Frères de Clichy.

La maison de Clichy a vu fondre sur elle l'avalanche des rigueurs bien connues de la Commune : invasions de domicile, perquisitions, arrestations arbitraires, établissement de poudrière à explosion facultative, grêle de balles, pluie d'obus, destruction décrétée sous forme d'ordre d'incendier, rien ne manque au dossier des épreuves subies. Nous laissons parler le Frère ***

« . . . Pendant cette triste lutte, nous dit-il, aucun de nous n'a eu la pensée de déserter son poste. Tous les huit nous avons gardé notre habit religieux et continué à faire la classe.

« Vers le 20 avril, nous reçûmes une lettre du cher Frère Albert, notre visiteur, qui nous annonçait sa présence à Saint-Denis, et nous demandait de nos nouvelles. Il nous priait de lui communiquer ce que nous pouvions savoir de nos confrères de Levallois et de Neuilly. Cette lettre avait été remise au très-cher Frère directeur par une dame très-dévouée, sœur du Frère économe de notre maison de Saint-Denis ; et il allait lui confier la réponse, lorsque je le priai instamment, avec le Frère A..., de nous charger de ce message. Nous faisions valoir la joie que le cher Frère Albert aurait de nous voir ; nous insistions sur ce qu'un entretien, dans les circonstances présentes, lui en apprendrait plus et le rassurerait mieux que ne le ferait une lettre. Le cher Frère directeur, non sans avoir longtemps hésité, se rendit à notre désir. Il nous recommanda de suivre la grande route, de répondre simplement et franchement en cas d'interrogatoire, et, au premier obstacle, de revenir sur nos pas. Munis de sa lettre, nous nous mîmes en route, le dimanche 23 avril, fête du Bon-Pasteur, vers une heure de l'après-midi.

« D'abord tout alla bien : habitants, gardes nationaux même, se montraient bienveillants et nous saluaient. C'était charmant. Que nos appréhensions étaient puériles! Nous allions, je pense, bientôt en rire franchement.

« — Halte-là! fait un factionnaire en avant d'un groupe de gardes nationaux à la hauteur de la mairie de Saint-Ouen ; votre laissez-passer ? »

« Nous n'en avions pas. Nous allions rebrousser chemin.

« — Pourquoi, nous dit cet homme, ne vous adressez-vous pas à la mairie ? On ne vous refusera pas un permis de circuler. »

« Le conseil nous paraît bon. Nous entrons à la mairie, où, en effet, sans difficulté, le secrétaire nous délivre un laissez-passer en règle. Nous reprenons confiance, et nous voilà de nouveau sur la route.

« Nous ne savions pas encore que le permis dont nous étions porteur, quelque régulier qu'il fût, n'a-

vait qu'une valeur relative ; que les lubies du
dernier ivrogne portant képi et chassepot de par la
Commune, réduisaient à néant l'ordinaire valeur de
toute pièce régulière, comme de tous règlements,
lois, arrêtés et dispositions émanant d'une autorité
quelconque.

« C'est au point précis où le chemin de fer du Nord
coupe la route de la Révolte que la lumière se fit
pour nous à ce sujet. Là, d'une voiture arrivant de
Saint-Ouen à fond de train, et brusquement arrêtée,
s'élancent deux guerriers brandissant fusil et revolver.

« L'un sergent, l'autre caporal.

« Ils nous barrent le chemin :

« — Où allez-vous ?

« — A Saint-Denis.

« — C'est cela, pour nous vendre aux Versailleux !

« — Pour voir un de nos supérieurs.

« — On connaît vos blagues, mais cela ne prendra
pas avec nous ! »

« En disant cela, le sergent, comme un furieux,
arrache de mes mains le permis de la mairie.

« — Il est fameux, votre laissez-passer ; celui qui
vous l'a donné n'en avait pas le droit. C'est par erreur
ou par... trahison ! Il paiera cher sa bêtise... Allons !
suivez-nous au poste ! »

« Que n'étions-nous, à Saint-Ouen, revenus sur nos
pas dès la première difficulté, comme notre cher directeur nous l'avait recommandé !

« Réflexion tardive, regrets superflus ; nous voilà
au poste.

« Le capitaine est absent ; mais ses hommes savent
où le prendre. Il paraît bientôt, chancelant, les yeux

injectés, jurant, pestant avec force hoquets contre
les b... qui ne pouvaient pas lui laisser un instant de
repos. Il avait, en ce point, notre secret assentiment;
c'était bien contre notre gré qu'on était allé le déran-
ger à cause de nous.

« — Allons, quatre hommes et un caporal, et qu'on
m'emmène ces particuliers-là au comité de Montmartre ! »

« Ce disant, le capitaine reprenait le chemin de son
cabaret.

« — Mais, capitaine, nous sommes citoyens de
Clichy ! » m'écriai-je.

« Il ne m'écouta pas. Ma réclamation, toutefois, ne
fut pas sans effet.

« — A Montmartre, à Montmartre !

« — Non, non, à Clichy! crièrent quelques voix : ils
ont raison ; puisqu'ils sont de Clichy, à Clichy! »

« Et un grand gaillard, que distinguait une voix de
stentor, se précipitant vers le capitaine, l'arrêta court
dans sa retraite :

« — Eh! capitaine, c'est à Clichy et pas à Montmartre qu'il faut conduire ces citoyens-là!

« — Conduisez-les au diable et laissez-moi la paix, »
répliqua le capitaine en s'esquivant.

« Quelques hommes nous entourèrent aussitôt, et
nous firent prendre la route de Clichy. Arrivés à la
mairie, et comme on y constatait notre identité, nous
vîmes accourir le Frère directeur, prévenu déjà par
la rumeur publique de ce qui se passait. Le caporal
qui commandait notre escorte nous remit entre ses
mains, après lui avoir fait signer l'engagement de
ne pas nous laisser sortir de notre maison avant
deux ou trois jours. Cette formalité nous donna fort

à réfléchir. Le caporal avait l'air faux et méchant.
Nous pûmes bientôt apprécier le motif de cette condition imposée à notre supérieur. A peine commen-
cions-nous à nous rassurer que cet homme reparut. Il
ne nous avait quittés que pour aller à Paris prendre
des ordres. Il revenait, porteur d'un mandat à com-
paraître par-devant le comité qui siégeait aux Batignolles. Vainement le cher Frère directeur s'efforçait de dissimuler ses angoisses. Pouvait-il être
sûr de nous revoir ? Nous dûmes de nouveau nous séparer de lui pour suivre l'enragé caporal.

« Quelques instants avant cet incident, aussitôt
après notre libération conditionnelle, le Frère directeur avait été trouver M. Dubois, premier adjoint
de Clichy, homme sûr et dévoué à notre maison. Il
lui avait narré les faits en lui demandant conseil;
M. Dubois n'avait vu en tout cela rien d'inquiétant.
D'ailleurs, avait-il dit, au cas échéant, comptez sur
moi.

« Je n'avais garde d'oublier ces bonnes paroles,
et je demandai à notre conducteur la permission de
voir, en passant, M. le premier adjoint. Il refusa brutalement.

« Nous cheminions entre quatre baïonnettes. Le
caporal paraissait tout gonflé de l'importance de son
rôle. L'expédition avait été si bien menée ! On accou-
rait, non pour l'admirer, mais pour nous saluer au
passage. Les parents de nos enfants étaient visible-
ment émus. Les murmures, la colère, étaient à peine
contenus par la terreur. Cela nous consolait. Notre
caporal n'était pas content. Nous arrivâmes à la
porte de Paris. Là, nous fûmes rejoints par M. Dubois, qui, averti par le secrétaire de la mairie, s'était

mis à notre poursuite. Le pont-levis ne devait s'abaisser que dans une heure. Notre protecteur employa ce temps à essayer de nous arracher aux griffes du terrible caporal. Ordres donnés comme magistrat, menaces, prières, tout fut vain. Le caporal, impatienté, finit par dire :

« — J'ai des instructions positives, je les exécute ; encore un mot pour m'en empêcher, et j'ordonne à mes hommes de tirer sur vous ! »

« L'excellent M. Dubois dut renoncer à nous emmener.

« — Je vais, dit-il, vous accompagner devant le comité, et il faudra bien qu'on vous relâche. »

« Dernier espoir, dernière illusion ! Le pont-levis baissé, on laissa bien passer les prisonniers et l'escorte ; mais les baïonnettes des sentinelles se croisèrent devant M. Dubois. Il fit valoir sa qualité d'adjoint, les nécessités du service.

« — Votre laissez-passer? »

« Il n'en avait pas. Tous les autres papiers qu'il exhiba ne purent, cette fois, faire fléchir la consigne. M. Dubois reprit le chemin de sa mairie, tandis que nous nous dirigions rapidement vers celle des Batignolles. Nous nous sentions soutenus par une absolue confiance dans la protection de Celui sans la permission duquel un cheveu ne peut tomber de notre tête, et encouragés par les dernières paroles du digne M. Dubois :

« — Quoi qu'il arrive, ne vous troublez pas. Si vous n'êtes pas en liberté demain matin, j'irai vous réclamer. »

« A la mairie des Batignolles, le caporal nous consigna au chef de poste, un capitaine du 33e bataillon, et alla seul trouver les membres du comité. Le capitaine nous fit entrer dans une petite pièce attenant au corps de garde, qui lui servait de cabinet. Il s'informa des motifs de notre arrestation, et n'essaya même pas de dissimuler son indignation.

« — C'est épouvantable... disait-il, épouvantable et désolant ! Les misérables nous perdent et se perdent eux-mêmes. Ils nous conduisent à l'abîme.... Nous voulons que *cette liberté, cette égalité, cette fraternité,* dont les noms pompeux sont inscrits sur tous nos monuments, ne soient pas de vains mots. Or que signifient ces arrestations illégales, absurdes, telles que j'en ai vu se succéder quatorze aujourd'hui dans cette seule mairie?... Quel honnête homme pourrait tenir encore pour un régime semblable?.... Quant à moi et à mes hommes; nous en avons assez, et certes... »

« La voix du caporal, qui demandait ce que nous étions devenus, nous fit rentrer dans le corps de garde.

« — Voici, dit-il en s'adressant au capitaine, l'ordre de conduire ces deux citoyens à la préfecture de police; veuillez désigner les hommes qui doivent les accompagner.

« — Aucun de mes hommes ne se chargera d'une pareille besogne, s'écria le capitaine.

« — Cependant le comité...

« — Lorsque le comité fera arrêter des malfaiteurs ou des ennemis de la patrie, il pourra compter sur nous; mais s'il lui plaît de tourmenter à plaisir d'honnêtes et paisibles citoyens, qu'il choisisse ses geôliers et ses bourreaux partout où il lui plaira, excepté dans **nos rangs.** »

« Pâle de colère et de honte, le caporal nous fît sortir de la mairie.

« — Décidément, qu'allez-vous faire de nous? lui demandai-je.

« — Ne soyez pas en peine, répondit-il en dissimulant sa rage, de peur peut-être que les hommes du poste ne prissent notre parti ; je vais vous mener à la préfecture de police, où il faut que vous soyez mis en présence de l'employé de Saint-Ouen qui a outre-passé ses pouvoirs en vous donnant un laissez-passer... Lui seul est coupable, et il paiera pour tous. »

« C'était un indigne mensonge. L'employé n'avait pas été arrêté, et nous ne devions être confrontés avec personne.

« Avisant une voiture de place qui revenait à vide, il la réquisitionna et nous y montâmes tous trois.

« Nous arrivâmes place Dauphine au moment où onze heures du soir sonnaient à l'horloge du vieux palais de saint Louis. »

II

Arrivée à la Préfecture de police. — Une nuit à la permanence. — La délivrance par un commissaire.

« Introduits au premier étage, dans une vaste pièce assez mal éclairée, nous nous trouvâmes en présence d'un individu qui, solitairement assis devant une table chargée de pains, de viandes, de bouteilles, soupait de fort bon appétit.

« Il reçut des mains du caporal les procès-verbaux de notre arrestation, et alla prendre sans doute les ordres d'une autorité supérieure, car, après une dizaine de minutes d'absence, il revint et nous conduisit au bureau de la permanence, situé au rez-de-chaussée.

« L'employé auquel nous eûmes affaire nous engagea très-poliment à prendre place sur des fauteuils qu'il nous désigna, puis il dit au caporal de faire sa déposition, et, comme le capitaine des Batignolles, il ne se gêna pas pour manifester son improbation.

« Cette déposition achevée, il poussa du papier et un encrier vers notre persécuteur, et lui dit brusquement :

« — Faites votre rapport, vous pourrez ensuite vous retirer. »

« Restés seuls avec le secrétaire, je me levai, et m'approchant de son bureau :

« — Que pensez-vous, Monsieur, lui demandai-je, de notre affaire ?

« — Dans toutes ces paperasses, me dit-il en me montrant le dossier que le caporal lui avait remis, il n'y a pas un seul chef d'accusation sérieux... sauf cependant ce fait que votre voyage à Saint-Denis avait pour but de faire savoir aux Versaillais l'existence d'une poudrière chez vous, afin qu'en prenant votre maison pour objectif de leur tir, ils la fassent sauter et en même temps tout votre quartier. »

Nous nous récriâmes avec horreur. Reprenant aussitôt mon sérieux, j'ajoutai :

« — Cette allégation ne saurait soutenir un examen. Il est vrai que nous avons chez nous une poudrière que les gardes nationaux y ont établie bien contre notre volonté, mais il est vrai aussi que six des nôtres, et notamment notre supérieur, qui lui-même nous a envoyés à Saint-Denis, habitent la maison , dans laquelle nous devrions rentrer ce soir ; or il faudrait que nous fussions des fous pour nous dévouer ainsi tous les huit à la mort ! De plus, nous sommes aimés de nos voisins que nous aimons aussi. Est-il admissible que nous jouions ainsi, de gaieté de cœur, leurs propriétés et leur existence ?

« — Vous avez raison, répliqua le secrétaire, une pareille supposition n'est pas soutenable. »

« Après un instant de silence, il reprit avec un accent de découragement :

« — Le trop de zèle de certaines gens nous perdra tous... Quant à vous, Messieurs, s'il n'était pas si tard, je prendrais sur moi de vous relâcher sur-le-champ ; mais comme, après tout, vous êtes plus en sûreté à la permanence que dans les rues de Paris à pareille heure, il vaut mieux que vous attendiez ici la matinée de demain. Le commissaire vous rendra lui-même la liberté, ce sera plus régulier ; je vais donc vous faire apporter des matelas. »

« Nous le remerciâmes, en l'assurant que nous nous trouvions à merveille dans nos fauteuils.

« Comme ni lui ni nous n'avions envie de dormir, nous causâmes une partie de la nuit.

« Nous lui dîmes combien nous avions à nous louer en toute cette affaire de la population et de la garde nationale de Clichy.

« — C'est, interrompit-il, le devoir de chacun de

protéger et de défendre les hommes honnêtes et utiles. »

« Ces bonnes dispositions m'enhardirent à faire une question qui, bien des fois déjà, s'était présentée à mon esprit depuis que nous étions entrés à la préfecture. « Sans nouvelles depuis plusieurs semaines de nos maisons de Paris, nous sommes, lui dis-je, très-inquiets au sujet de nos supérieurs ; un vénérable vieillard, le frère Calixte, nous préoccupe particulièrement. Nous avons appris qu'il avait été arrêté, et depuis nous n'avons rien su de lui. Pourriez-vous, Monsieur, nous dire s'il est ici ou à Mazas ?... »

« Après avoir fait dans ses registres de minutieuses recherches :

« — Le Frère dont vous parlez, me dit-il, ne figure pas même sur le registre d'écrou ; il n'a donc pas été donné de suite à son arrestation, si même cette arrestation a eu lieu. En revanche, un certain nombre de vos confrères ont été arrêtés ; plusieurs sont encore détenus au dépôt. »

« ..... Cependant le sommeil, plus fort que notre résolution de passer la nuit éveillés, vint bientôt mettre un terme à la conversation.

« Quand nous nous réveillâmes, il faisait grand jour ; et, bien qu'un peu brisés, nous fûmes forcés de nous avouer qu'il aurait pu nous arriver pire que de passer la nuit à la permanence.

« Vers neuf heures, le commissaire arriva. Dès qu'il eut jeté un coup d'œil sur notre dossier, qu'avait annoté l'obligeant secrétaire :

« — Vous êtes libres d'aller où bon vous semblera, » nous dit-il.

« Je lui fis observer que nous étions payés pour désirer avoir tous nos papiers en règle.

« — Vous voulez un laissez-passer ? répondit-il en souriant. Rien de plus juste ; le voici...

« — Il est encore une prière, monsieur le commissaire, que votre bienveillance nous autorise à vous adresser : Clichy est bien loin ; nos amis sont dans l'inquiétude et nous sommes très-fatigués ; une voiture jusqu'à la barrière ne serait donc pas du luxe, si nous avions 2 francs pour la payer... »

« Le commissaire donna ordre qu'on allât nous chercher une voiture, et nous remit très-gracieusement les 2 francs.

« — Nous vous les rapporterons en venant vous remercier, » lui dîmes-nous en prenant congé.

« Comme nous débouchions sur le Pont-Neuf, le Frère A... aperçut M. Dubois, qui venait vers nous.

« Nous fîmes aussitôt arrêter la voiture, et, courant à lui, nous lui racontâmes ce qui s'était passé.

« — Voilà ma tâche simplifiée ; tant mieux ! » s'écria-t-il en nous serrant affectueusement les mains. Nous le priâmes de venir avec nous à la préfecture remercier le commissaire et lui remettre les 2 francs qu'il nous avait si obligeamment prêtés.

« Ensuite, prenant place tous les trois dans notre voiture, nous nous dirigeâmes vers l'hôtel de ville, où M. Dubois voulait aller chercher une garantie qui nous mît à l'abri, nous et nos Frères, de vexations nouvelles.

« — Vous êtes content de ces robes noires ? lui dit-on.

« — Très-content ! non-seulement moi, mais tous les honnêtes gens de Clichy.

« — Eh bien, gardez-les aussi longtemps qu'il vous conviendra. »

« Sur ces paroles, notre brave protecteur vint nous retrouver, et nous reprîmes tout joyeux le chemin de Clichy.

« Notre absence avait été de courte durée; cependant la situation s'était singulièrement aggravée. Le feu des batteries avait redoublé d'intensité; les obus éclataient de toutes parts. La fusillade était incessante. Balles, mitraille, déchiquetaient et dentelaient les murailles et les devantures des boutiques. Nous avions plus particulièrement raison de trembler, puisque nous étions, à la lettre, sur un volcan, dont le moindre accident pouvait amener l'explosion. Dès le début de la guerre civile, la Commune avait envoyé à Clichy deux tonneaux de poudre, quatre cents obus et une demi-douzaine de caisses de cartouches. Notre maison avait été choisie pour recevoir ce dépôt, qui fut établi dans le parloir. Le Frère directeur faisait observer que le moindre projectile, — et ils pleuvaient, — ferait sauter tout cela, et en même temps tout le quartier.

« — Eh bien ! vous sauterez en nombreuse et bonne compagnie, avaient répondu en riant les chefs compétents.

« — Mais les enfants ! nos classes !

« — Ils sauteront plus haut que les autres, c'est de leur âge. »

« Le directeur, tout en appréciant ces aimables facéties, obtint, par sa persistance, que les munitions fussent descendues dans les caves. Il avait lui-même surveillé l'opération, qui certainement ne se fût pas faite sans accident, tant était grande la stupide incurie des gens employés à ces sortes de corvées. Le danger était donc moins immédiat. Mais le feu faisait rage. Nos alarmes furent extrêmes. Cela devint un vrai cauchemar. »

III

Les aventures d'un Frère belge. — Sa présence d'esprit
lui obtient le salut.

« Un de nos Frères ne put en supporter l'impression et témoigna le désir de retourner dans son pays, où il trouverait sans doute un repos qui lui était nécessaire. Le Frère directeur et M. Dubois accompagnèrent le voyageur, muni de papiers bien en règle, qu'ils ne voulaient quitter qu'à Saint-Denis, en lieu sûr. La mairie de Saint-Ouen leur fut encore malencontreuse. Là encore, un méchant caporal, — ce grade était fatal à nos Frères, — au mépris du *laissez-passer*, courut après leur voiture, et leur déclara qu'ils ne pouvaient continuer leur route. Comme M. Dubois voulait passer outre, l'énergumène saisit la bride des chevaux, et s'efforce de les ramener. Un adjudant survient : « J'ordonne, dit-il d'une voix tremblante de fureur, que la voiture soit amenée dans la cour de la mairie! » On obéit. Pendant qu'à la mairie M. Dubois s'explique, le Frère directeur est consigné au poste, où il subit les grossiers quolibets des gardes à moitié ivres. Un d'eux lui présente un fusil : « Soit, dit le Frère. Je ne connais guère le maniement de ce joujou; mais il ne me faudrait pas beaucoup de leçons pour

m'en servir aussi bien que vous si la France récla-
mait l'aide de mon bras. » Le ton franc et énergique
dont furent dites ces simples paroles, coupa court
aux mauvaises plaisanteries.

« Pendant ce temps, le Frère belge avait trouvé dans
l'adjudant de service un compatriote, et, à l'aide de
force verres de cognac, négociait avec lui la conti-
nuation de son voyage. Ainsi arrosé, le dialecte fla-
mand fit merveille. L'adjudant *lui-même*, pour éviter
toute tracasserie ultérieure, s'offrit à accompagner
son compatriote jusqu'à Saint-Denis. M. Dubois et le
Frère directeur furent laissés libres de regagner Clichy, ce qu'ils firent en toute hâte ; et bien leur en
prit, car, à peine s'étaient-ils éloignés, que l'ordre
arriva à la mairie de Saint-Ouen d'expédier le Frère
directeur à Mazas. Le Frère belge, lorsque arriva ce
message, n'était pas encore parti.

« Furieux d'avoir laissé échapper une proie que l'autorité supérieure mettait ainsi à leur disposition, les
hommes du poste firent peser sur lui tout le poids de
leur colère. Au lieu de le faire conduire à Saint-Denis,
comme ils s'y étaient engagés, ils le conduisirent
d'abord à la délégation de Montmartre, ensuite à la
préfecture de police, de là à l'ambassade belge, et
de l'ambassade une seconde fois à la préfecture sous
prétexte d'y régulariser sa position. — Notre pauvre
touriste ne savait plus à quel saint se vouer ; certes,
ce n'était pas un tel voyage qu'il avait entendu entre-
prendre. — Ces formalités remplies, on le réexpédia
à Saint-Ouen, d'où, après une nouvelle halte hé-
rissée de déplaisirs, il fut enfin dirigé sur Saint-Denis
et Noyon. »

IV

Les Frères aux ambulances de la Commune. — Mort affreuse du
colonel Lenfant. — Comment on échappe au danger de l'explosion
de la poudrière.

« Les événements se précipitaient. Chaque jour les
combattants de la Commune perdaient du terrain.
L'heure de la délivrance était proche ; mais la lutte
n'en était que plus acharnée, et grossissait outre
mesure le nombre des victimes.

« Le 10 mai, on vint nous chercher pour soigner les
blessés à l'ambulance des sœurs de Saint-Vincent-
de-Paul. Le cher Frère directeur fit appel à notre
dévouement ; tous nous étions heureux d'y répondre.
Il fut convenu que nous nous relèverions nuit et jour
dans cette tâche éminemment chrétienne. Jusqu'à
l'entrée des troupes, nous n'y avons pas failli un
seul instant, et Dieu sait au milieu de quels dangers,
de quels dégoûts de toutes sortes il nous a fallu l'accomplir.

« Que d'épouvantables choses nous avons vues dans
cette ambulance ! De quelles morts, de quelles scènes
effroyables nous avons été témoins ! Un seul fait entre
cent autres qui révoltèrent nos âmes chrétiennes.
Le citoyen Lenfant, colonel fédéré, était arrivé à
Clichy pour rétablir la fortune des armes de la Commune, chancelante sur ce point comme sur tant d'autres. Ce bravache levait les épaules en parlant des
ânes qui l'avaient précédé : à l'en croire, s'il fût venu

plus tôt, les choses eussent bien vite changé de face. Tout en méditant de grands coups pour la défense, et en attendant l'occasion de développer ses talents militaires, cupide autant que fanfaron, il procédait avec un cynisme sans égal au pillage, — à son profit, — à la dévastation de la maison du général Réghier (premier aide de camp de Napoléon). Cet homme reçut, le 12 mai, dans son lit, une balle qui lui traversa la poitrine de part en part. Certes, il n'était pas digne de tomber sur un champ de bataille, de mourir; même au service d'une mauvaise cause, de la mort des braves. On l'emporta à l'ambulance, où il succomba le troisième jour.

« On le met en bière. Une femme qui se dit sa veuve fait placer à chaque côté de la bière un cierge allumé. Survient un citoyen qui jette des cris de paon. « Des cierges ! de quel droit place-t-on des cierges, symbole d'une idée religieuse, près de la dépouille d'un *brave,* qui, toute sa vie, a fait profession de ne croire à aucun dogme, de ne pratiquer aucun culte? C'est une insulte à sa mémoire ! Qu'on éteigne et qu'on enlève les cierges ! » Et il fit enfouir le corps, ni plus ni moins que s'il se fût agi d'un chien.

«Nous touchons au dénoûment. Le matin du 22 mai, deux artilleurs, envoyés par Dombrowski, se présentent chez nous. Leur mission est de mettre le feu aux munitions déposées dans notre cave. Dombrowski, en donnant cet ordre, veut se venger du 34ᵉ bataillon, qui a nettement refusé de quitter Clichy pour aller aux remparts. Il a grassement payé ses deux émissaires. Mais l'homme propose, et Dieu dispose. L'un des deux dit à l'autre :

« — Au fait, qu'est-ce qu'ils ont fait, les gardes na-

tionaux du pays ? Ils n'ont pas voulu quitter leurs
foyers : où est le mal ? Puisqu'il fallait garder Clichy,
valait-il pas mieux que ce soit eux que des étrangers ?
Je ne mettrai pas le feu aux poudres.

« — Comme tu voudras. Moi je ne veux pas voler
l'argent qu'on m'a donné, je ferai l'affaire tout seul.

« — Eh bien ! non, tu ne la feras pas ! J'ai réfléchi :
c'est un crime. Tu ne le feras pas plus que moi !

« — Vraiment ? Qui est-ce donc qui m'empêchera de
suivre ma consigne ?

« — Moi !

« — Allons donc, est-ce que tu blagues ? laisse-moi
passer.

« — Tu ne passeras pas. Assez causé ! si tu fais un
pas vers la boîte, je te brûle ! Et l'homme armait son
revolver.

« — Est-ce que tu crois que tu me fais peur ?

« — Non, je sais que tu es un brave. Ce n'est pas
par la crainte, mais par la raison que je veux te convaincre. Crois-moi, ne nous mettons pas sur le cœur
ce crime inutile !

« — Au fait, t'as peut-être raison... c'est pas ça
qui sauvera la Commune ! — et ça ferait tant de victimes !

« — Filons ! et bien vite. »

« Nous assistions, terrifiés, à ce colloque. En voyant
ces deux hommes éloignés, nous nous jetâmes à
genoux. Quelques heures plus tard, nous faisions
accueil à nos braves soldats qui, à leur tour, enva-
hissaient la maison. »

NOTES

———

Monsieur,

Vous m'avez fait l'honneur de me demander des
renseignements, tant sur notre arrestation que sur
notre détention ; je suis heureux de vous satisfaire.
Mais je crois qu'il est assez à propos de reprendre
les choses d'un peu loin, ce qui vous fera comprendre
d'autant mieux combien notre établissement, qui a
un caractère essentiellement populaire, méritait peu
les traitements iniques et sauvages dont il a été l'objet dans nos personnes.

Dans les commencements de septembre 1870, par
crainte du siége qui allait commencer, nous éva-
cuions, sur notre maison de Vaugirard, ce qui nous

5*

restait des neuf cents élèves qu'abrite ordinairement la maison. Une partie de nos soixante Frères restait à donner leurs soins à une ambulance que nous avons tout de suite organisée, et où, pendant quatre grands mois, ont été assistés, aux frais de notre administration, cent dix soldats, malades ou blessés. Nos autres Frères, au nombre d'environ quarante, se sont répandus dans les ambulances, et sur les champs de bataille en qualité de brancardiers.

Aussitôt la paix signée, nous nous sommes mis à réparer les dégâts causés par les obus prussiens, et le 1er mars, à la sollicitation des familles, nous reprenions nos élèves. Nous en avions près de trois cents, quand, le 1er mai, notre maison fut envahie par le 64e bataillon de la garde nationale. Les projectiles, dès lors, nous sont arrivés en quantité; nous nous sommes empressés de remettre nos enfants à leurs familles. Ceux dont les parents se trouvaient en dehors de Paris ont été de nouveau reçus à notre maison de la rue de Vaugirard.

Dans la première semaine de mai seulement, la propriété de Saint-Nicolas a reçu plus de soixante obus, ce qui ne nous a pas empêchés de donner l'hospitalité à trois bataillons de la garde nationale, auxquels nous faisions à manger, et aussi de donner nos soins à plus de cent cinquante blessés. Le dimanche, 7 mai, je me trouvais avoir à la maison, outre six Frères, dont la présence n'y était plus nécessaire, vingt et un employés ou apprentis jardiniers, la plupart de tout jeunes gens, dont les vies étaient sérieusement exposées. Mon devoir était de les mettre à l'abri. J'eus donc le dessein de les conduire à notre maison agricole d'Igny, qui dépend de l'administration de Saint-Nicolas et où, tout en s'occupant, ils auraient attendu des jours meilleurs. Je fis part de mes intentions à M. Régère fils, commandant du 248e bataillon, qui, depuis quatre jours, occupait avec son état-major une de nos pièces principales, et qui, ainsi que M. Cosse, son capitaine adjudant-major, paraissait nous témoigner beaucoup d'intérêt. Il m'approuva complétement. Comme nous ne pouvions pas traverser les lignes versaillaises, il fut décidé que nous irions à Charenton; en passant en dehors de Paris, ce qui était notre plus court, et que de là nous remonterions à Igny. Il nous délivra, ainsi que M. Minard, maire d'Issy, un laissez-passer en bonne forme. Je laissais à la maison, pour le service de l'ambulance et aussi pour la garder, quatre Frères d'un certain âge et neuf de nos plus anciens employés, lesquels ont couru les plus grands dangers, non-seulement des obus, mais surtout de la part des gardes nationaux. M. l'abbé Annat, l'aumônier bien-aimé de nos petits enfants, avait pendant toute la semaine exercé à l'égard des gardes nationaux blessés ou mourants son ministère de charité et de miséricorde, et il désirait leur continuer ses soins.

C'est pour cela qu'au lieu de venir à Igny, comme il en avait été question, il resta à la maison ; mais, dans cette même journée du lundi, un franc-maçon, étant venu à l'ambulance, l'y trouva. Or cet homme se mit dans une très-grande colère, disant qu'il ne comprenait pas qu'il pût y avoir encore un prêtre en ces lieux. Force fut donc à M. l'abbé Annat de quitter Issy, le soir même. Il se réfugia à Paris chez ses amis. S'il fût demeuré quelques instants de plus, il s'exposait sûrement à être fusillé.

Nous nous mîmes en route le lundi 8 mai, à six

heures du matin. Deux Frères de l'école communale d'Issy s'étaient joints à nous ; l'un d'eux a été tué en sortant de Mazas ; son compagnon a été blessé. Nous étions en tout vingt-neuf. Les postes d'Issy et de Vanves nous laissèrent passer sans même nous dire un mot ; mais, arrivés à Montrouge, nous eûmes affaire à un chef de poste, sous-lieutenant de la 4ᵉ compagnie du 114ᵉ bataillon, à la mine fausse et méchante, qui, tout en nous donnant à entendre qu'il convenait que le colonel, absent, vît nos laissez-passer, nous constitua prisonniers. Je vis dès lors que nous étions tombés dans un guet-apens. Vers midi, on nous conduisit à 300 mètres du lieu où nous nous trouvions d'abord, et on nous fit entrer dans une espèce de magasin, toujours en nous assurant que le colonel allait venir. Vers quatre heures et demie, il arriva de Paris une espèce de capitaine d'état-major à cheval, à la parole dure et à l'air farouche ; puis un commissaire à pied, qui, à voir sa figure, ne pouvait être qu'un échappé du bagne ; puis enfin deux autres commissaires dans une voiture. On eut aussi l'attention délicate d'amener un fiacre, dans lequel on mit tous les paquets dont nous étions porteurs, et dont nous n'avons plus vu la moindre trace. Ces paquets contenaient nos effets les plus indispensables et ceux de nos employés.

Nous avions cependant dans ce butin des vases sacrés que nous emportions avec la pensée que, d'un moment à l'autre, notre établissement pouvait être pillé ou même incendié. Si nos paquets allèrent en voiture, nous autres nous dûmes aller à pied.

On nous mit sur deux rangs, et on nous plaça entre soixante ou quatre-vingts gardes nationaux du 65ᵉ ba-

taillon, qui, je dois le reconnaître, étaient plus convenables que ceux du 114ᵉ. Le farouche capitaine à cheval
leur cria, de sa voix rauque, de nous fusiller à la moindre tentative de résistance. Cette recommandation était
parfaitement inutile. Nos jeunes gens, dont un n'avait
pas encore quatorze ans, étaient glacés d'effroi, et, en
vérité, il y avait bien de quoi. Quant à nous, Frères,
nous étions aussi résignés et aussi tranquilles qu'on
peut l'être dans ces occasions.

Le lieutenant à qui fut donné le commandement de
l'escorte était un beau jeune homme de vingt à vingt-
cinq ans, qui me paraissait tout fier de la mission
qui lui était confiée. On nous conduisit ainsi de Montrouge à la préfecture de police, en nous faisant parcourir la grande rue de Vanves, l'avenue du Maine, etc.
Dans les endroits un peu plus fréquentés, on avait
soin de commander une halte, afin qu'on pût nous
considérer plus à l'aise. On disait à cette masse de
monde que nous étions des Versaillais, que nous
avions tiré sur les gardes nationaux, et mille autres
mensonges, qui montaient les têtes ; aussi je ne puis
vous dire toutes les injures que nous avons dû entendre, tous les cris de mort qui ont été proférés contre nous, surtout aux fortifications et dans le faubourg
de Vanves. Si certaines femmes, de vraies furies,
n'avaient pas été retenues par les gardes nationaux,
elles nous auraient arraché les yeux. Permettez-
moi, Monsieur, de vous dire en passant que l'atti-
tude de cette foule était ce qui me peinait le plus.
Nous ne portions pas nos vêtements de Frères, mais
on disait assez haut que nous en étions ; de plus, moi
qui ai affaire, plus qu'aucun autre chef d'institution,
avec le public, il n'était pas possible que je ne fusse

pas reconnu; et j'ai appris que je l'ai été en effet. « Eh
bien, me disais-je, depuis trente-six ans tu dépenses
ta vie et ton temps le plus consciencieusement possible au service de la classe pauvre et ouvrière, et
voilà de quelle manière elle t'en récompense. »

Je tiens à constater que plusieurs de nos élèves ont
fait ce que leurs parents auraient dû faire : ils nous
saluaient ; ils auraient voulu nous donner une poi-
gnée de main, mais nos gardiens les éloignaient brutalement. Je dois faire remarquer encore qu'une fois
arrivés dans l'intérieur de Paris, les physionomies
changeaient graduellement. Nous remarquions des
visages attristés, et j'ai même pu voir un assez grand
nombre de femmes qui portaient leur mouchoir à leurs
yeux.

Près de la grille du Luxembourg, un de nos Frères
directeurs de Paris, qui est aussi un de mes meilleurs
amis, se trouvait revêtu d'habits séculiers ; il se
mêla à la foule, pour voir quel spectacle lui était
offert. M'ayant reconnu, il me salua les larmes aux
yeux ; je lui rendis son salut ; mais nos conducteurs
l'ayant remarqué se jetèrent sur lui, l'arrêtèrent, et,
le plaçant entre quatre gardes nationaux, le forcèrent
à nous suivre à la préfecture de police. Que vous di-
rai-je, Monsieur, de ce lieu dont je ne perdrai jamais
le souvenir, devrais-je vivre des siècles !

Sans doute c'est un malheur qu'il soit brûlé ; mais
il ne fallait rien moins que le feu pour le purifier de
tant de propos obscènes et orduriers ; ils semblaient
être le langage accoutumé de ces hommes qui se
posaient en magistrats ; nos oreilles en sont encore
malades.

Quant aux traitements que nous avons dû subir,

ils ont été indignes, et il ne m'a fallu rien moins pour me contenir; que de penser sérieusement à ceux qu'a enduré Notre-Seigneur.

Alors que je ne faisais aucune résistance, j'ai été violemment frappé sur la tête, et si un petit gamin de dix à douze ans ne m'a pas souffleté et craché à la figure, ce n'est pas qu'il n'y ait été vivement encouragé par un de nos bourreaux, qui sans doute était son digne père. On m'a mis le revolver sur la tempe, et assurément, au moindre signe de ma part, le brigand qui me menaçait aurait fait jouer le ressort.

Nous avons été tous fouillés très-soigneusement, et on nous a pris absolument tout ce que nous possédions.

J'avais dans mes poches, outre le petit avoir de la communauté, quelques sommes recueillies sou à sou, et destinées à certaines œuvres, telle que celle de la Propagation de la foi, et que ces misérables ont palpées avec une joie qu'ils ne dissimulaient pas. J'en ai regretté d'abord la perte; mais j'ai regretté bien davantage l'usage qu'ils devaient en faire. Nos employés se sont vu enlever le dernier écu de leurs économies. Ces misérables n'ont pas rougi de prendre une pièce de 1 franc à un de nos petits apprentis jardiniers.

Je crois devoir passer sous silence bien des détails de cette scène, qui a duré presque toute la nuit; d'abord parce qu'ils seraient trop longs à raconter, et aussi parce que la pudeur ne le permet pas. Je ne prodiguais pas mes paroles avec ces hommes, que je ne puis qualifier; mais mon regard, à ce qu'il paraît, les offusquait singulièrement. J'ai été envoyé trois fois au secret, parce que je ne baissais pas assez les yeux. Je répondis à l'un d'eux, qui m'accusait d'être bien hautain, que, quand la conscience ne reprochait rien, on n'avait à baisser ni les yeux ni la tête. Un autre me demanda pourquoi j'avais quitté mon habit religieux.

Je lui répondis que telle était ma volonté; qu'en temps de république, on devait avoir tout au moins la liberté de prendre le vêtement qui convenait le mieux. Celui qui me questionnait me dit que j'avais bien fait de quitter ce vêtement d'ignominie. Un autre individu, à qui je fus conduit immédiatement après, me parut être un garçon boucher, du moins il en avait toutes les allures; ses bras énormes étaient attachés à un corps d'hercule; il semblait mettre de la complaisance à les faire voir, car les manches de sa chemise écarlate étaient retroussées plus haut que les coudes. Cette espèce d'énergumène me fit encore les mêmes questions, et aussi celle concernant mes habits religieux. Je lui répondis comme à son collègue; seulement celui-ci, au lieu de me dire que ce vêtement était ignominieux, me dit qu'au contraire il était noble.

Je lui répondis : « Citoyen, je l'estime tellement noble, que je n'ai pas voulu l'exposer aux insultes, qui ne lui manquaient pas depuis quelque temps. »

Quand nous eûmes été questionnés et surtout dépouillés, nous fûmes jetés dans une chambre où dix personnes auraient été à l'étroit. Or, je le répète, nous étions vingt-neuf. En qualité de chef de bande, je fus placé dans un petit cachot en planches, d'une puanteur insupportable, d'où j'entendais tout ce qui se passait. Nous commencions à nous reposer un peu,

quand arriva un de ceux qui nous avaient questionnés et tant torturés ; qui avait dit devant nos jeunes
gens qu'il s'appelait Thouret, petit-neveu de l'ancien
Thouret, de la première révolution, et n'aspirait qu'à
dépasser son grand-oncle. Le nom de Thouret est
évidemment un faux nom que cet individu s'est
donné dans cette circonstance ; d'après les renseignements qui me sont revenus depuis, nous avons
eu affaire à Dacosta ou à Raoul Rigault en personne.
Donc, ce citoyen Thouret, après avoir ordonné à nos
Frères de se tenir debout, leur disant que, selon l'Évangile, les premiers seraient les derniers et les derniers seraient les premiers, fit un discours à sa façon.
Il épuisa d'abord tous les qualificatifs les plus ignobles vis-à-vis de nous ; puis, s'adressant aux jeunes
gens, très-peu disposés du reste à l'écouter, il leur dit
que les Frères les avaient trompés ; qu'ils leur avaient
dit qu'il y a un Dieu, mais que c'était faux ; qu'il
n'y a pas d'autre vie, pas d'enfer, pas d'éternité ; qu'il
ne fallait pas craindre la justice de Dieu, mais bien
celle des hommes, et seulement celle-là, etc. etc.
Puis vinrent les plus horribles blasphèmes contre
l'Église, contre la très-sainte Vierge, etc. etc. Enfin il
finit par cette phrase vraiment burlesque : « Je ne suis
qu'un seul homme, lâches que vous êtes, et vous, vous
êtes nombreux ; or aucun de vous n'ose venir m'attaquer. » Voilà jusqu'à quel point les gens de la Commune étaient braves. Après avoir ironiquement souhaité le bonsoir, le citoyen Thouret se retira en fermant la porte avec une violence telle, qu'il fit trembler la préfecture.

Quelques instants s'étaient à peine écoulés, qu'une
compagnie de gardes nationaux venait nous prendre

pour nous conduire au dépôt: Il était trois heures du
matin. Le dépôt ,.où nous trouvâmes un assez grand
nombre de nos Frères et où nous pouvions causer
à notre aise, nous parut un paradis, surtout en comparaison du lieu vraiment infernal que nous venions
de quitter, et qu'à la préfecture on appelle la permanence.

Notre satisfaction relative fut de courte durée. Le
jeudi 11 mai, on m'arracha brusquement avec mes
Frères du dépôt pour nous conduire à Mazas. Il me
fut extrêmement pénible de quitter ; sans seulement
pouvoir leur dire un mot, nos employés, et surtout
nos apprentis, dont après tout j'étais le père ou tout
au moins le tuteur. Je me consolai en pensant qu'on
allait rendre ces chers enfants à la liberté. Quel était
donc leur crime aux yeux de la Commune? N'avaient-
ils pas déjà assez souffert de ces quatre jours de détention et de l'enlèvement du peu qu'ils avaient? Cependant je m'étais trompé ; car, le lendemain vendredi, on les transportait à Mazas, où leur détention
a duré autant que la nôtre.

Il est tout naturel que je dise un mot de ma cellule, petite pièce de 2 mètres de largeur sur 3 mètres
60 de longueur. Le mobilier en est des plus modestes :
une petite table scellée au mur, avec une chaise qui
y est attachée au moyen d'une chaîne ; un arrosoir
que l'on remplit d'eau, laquelle, bien entendu, est la
seule boisson du détenu ; un hamac pour lit, un matelas et deux couvertures : voilà tout. Une très-petite
croisée ne laisse pénétrer d'air que tout juste ce qu'il
en faut pour ne pas être asphyxié. Comme je l'ai dit
plus haut, on nous avait tout pris à la préfecture,
même des objets religieux qui ne nous quittent ja-

mais, tels que Nouveau Testament, chapelet, etc.
Je n'avais pas même pu sauver une petite médaille
de la sainte Vierge, don d'une amie de ma famille, et
qui ne m'avait pas quitté depuis trente-six ans ; j'y
tenais assurément plus qu'à tout l'argent dont j'étais
porteur. Or on comprend que, dans ce dénûment
d'objets de piété, j'ai été on ne peut plus heureux, en
ouvrant le tiroir de la table dont j'ai parlé, de trouver
un petit livre, un vrai petit trésor. J'ai bien vite reconnu
l'œuvre d'un de mes amis, qui est aussi l'ami dévoué
des soldats et des prisonniers, M. Germainville. A
coup sûr, ce brave homme ne pensait pas que son
Manuel du chrétien pût jamais m'être aussi utile, et
moi, qui l'avais manié plusieurs fois quand j'avais la
liberté, j'étais loin de me douter des charmes et des
consolations que sa lecture me ferait goûter un jour.
Quelle bonne œuvre que de procurer de bons livres à
un pauvre prisonnier !

Le soir du lundi 15 mai, je fus appelé devant le
juge d'instruction. Je trouvai un jeune homme de dix-
huit ans environ ; bien qu'il fît le sérieux, et surtout
le dédaigneux, je ne puis réellement lui donner davantage. Avec un certain air d'importance, il jeta les
yeux sur mon dossier, qui, si j'en juge à certains si-
gnes qu'il fit, était très-chargé ; puis il se mit à m'a-
dresser toutes sortes de questions fort insignifiantes,
auxquelles je satisfis de mon mieux.

Il m'interpella aussi sur la question de mes vêtements religieux, et enfin il me dit :

« Prévenu, qu'a-t-on à vous reprocher? »

Je lui répondis :

« Ma foi, Monsieur, vous me feriez grand plaisir de

me le dire vous-même, car jusqu'à ce jour je n'en sais absolument rien. »

Là finit mon interrogatoire.

Comme je vis que mon jeune homme, car c'était plutôt un jeune homme qu'un juge, faisait rédiger une espèce de procès-verbal par un greffier beaucoup plus âgé que lui, et qui, du reste, je dois le dire, me parut fort bien, je lui dis :

« Monsieur, vous me feriez plaisir de consigner ce que je vais vous dire au procès-verbal.

— Quoi donc? me dit-il.

— Monsieur, moi et mes Frères, nous avons été indignement maltraités à la préfecture de police. Alors que je ne faisais aucune résistance, j'ai été violemment frappé. »

Il convint qu'on avait mal agi, son greffier s'apitoya sur notre sort ; puis le juge, après avoir donné l'ordre de consigner ma plainte au procès-verbal, fit cette réflexion :

« Il est vrai que les prêtres et les Frères ont tellement nui à la république, qu'on comprend ces mauvais traitements, qui sont cependant blâmables. »

Je lui dis :

« Êtes-vous bien sûr, Monsieur, que les Frères aient nui à la république?

— Oh! certainement, me dit-il.

— Eh bien, lui répondis-je en élevant la voix, Monsieur, permettez-moi une observation. Il y a quatre mois, nous étions déjà en république ; or il n'y avait pas assez de journaux à Paris et ailleurs pour chanter les louanges des Frères ; les feuilles mêmes les plus avancées s'en mêlaient. »

Il m'interrompit en me disant que l'on devait nous accorder que nous nous étions bravement conduits sur le champ de bataille, et que, sous ce rapport, nous méritions des louanges.

Je repris alors :

« Eh bien! Monsieur, qu'avons-nous fait depuis pour mériter d'être traités comme nous le sommes et jetés dans les prisons ? Monsieur, ce que nous faisions il y a quatre mois, nous le faisions encore il y a quinze jours. Nous avions à Longchamps six cents blessés, que nous soignions tout aussi consciencieusement sous la Commune que nous aurions pu le faire sous tout autre régime. »

Puis je lui racontai ce que je faisais, moi, il y avait neuf jours dans notre maison d'Issy, avec les gardes nationaux bien portants et malades. Quand j'eus fini, je le saluai, et je me retirai. J'avais déjà fait connaissance avec mes gardiens, mes braves gardiens, qui certes n'étaient pas, heureusement pour nous, des communeux. Je leur serai à jamais reconnaissant, ainsi que nos Frères, de leurs attentions et des services qu'ils nous ont rendus. Je dois dire leurs noms : ils s'appellent, l'un Lefebvre et l'autre Gourdin, tous deux anciens militaires. J'ose espérer que Mme Thiers, par qui j'ai eu l'honneur d'être reçu et à qui j'en ai parlé, ne les oubliera pas. Donc le papa Lefebvre, comme nous l'appelions, aussitôt qu'il put me parler, me dit :

« Eh bien, vous avez été questionné ? Allez-vous être mis en liberté ? »

Je lui répondis :

« Mon bien brave ami, je ne le pense pas, mais j'en prends mon parti. »

Le 25, entre 8 et 9 heures du matin, l'un d'eux, ouvrant mystérieusement le guichet de ma cellule, me dit :

« Tenez-vous prêt, car, d'un moment à l'autre, on peut vous ouvrir la porte, et aussitôt que vous serez libre, f..... le camp. »

J'avoue que, pour la première fois, j'éprouvai un sentiment bien difficile à définir ; mon cœur battit plus vite qu'à l'ordinaire ; un frisson me parcourut tout le corps. Je compris que nos vies étaient sérieusement en danger, et que nos gardiens voulaient nous sauver. Ce n'était pas ce qu'on m'avait dit qui m'avait fait impression, mais bien le ton sur lequel cet avis m'avait été donné. Nous avions lieu effectivement de trembler tous en ce moment.

Le directeur, nommé Garreau, une ancienne pratique de Mazas, et, à ce titre, l'homme de confiance de la Commune, avait voulu, dès le matin et de son propre chef, nous fusiller et faire sauter la prison ; mais heureusement les principaux employés s'opposèrent avec énergie à ce double crime.

Ils dirent à ce misérable :

« Qu'ont fait ces hommes pour mourir ? »

Puis ils lui représentèrent qu'ils étaient pères de famille, qu'ils ne tenaient point à périr eux-mêmes. Ils lui représentèrent qu'il avait eu soin, lui, de mettre depuis plusieurs jours sa femme hors de danger, et, qu'après tout, leurs familles leur étaient aussi chères que la sienne pouvait l'être à lui-même. Garreau, voyant cette résistance de la part de ses subordonnés, sortit vers huit heures pour aller chercher des ordres à la Commune. La veille, dans la soirée, il était tombé plusieurs obus sur l'établissement, et le

matin nous avions été réveillés au bruit d'un projectile. Or, vers neuf heures, une détonation terrible fit
trembler la maison, qui, du reste, prête beaucoup à la
répercussion du son. Elle se compose, en effet, de six
immenses nefs, qui toutes aboutissent à une rotonde
très-élevée. Cet obus, d'un très-fort calibre, mit en
émoi tous les détenus : les malheureux prisonniers,
qui n'étaient pas d'avis de mourir de mort tragi-
que, appelèrent, frappèrent à leur porte, et bientôt
le cri : « Ouvrez les cellules! » s'éleva de partout. Nos
gardiens ne se firent pas prier pour ouvrir, pas plus
que nous pour descendre ; car je remarquai que nous
étions des premiers dans la cour, heureux de pouvoir
humer l'air à notre aise. Ce fut seulement là que j'appris que nos jeunes gens, au lieu d'être rendus à la liberté, avaient été amenés sous le même toit que nous.
J'en fus bientôt entouré ainsi que de mes Frères, qui
se trouvaient là avec un de nos directeurs de la rue Oudinot. Nous fûmes bientôt réunis, soit dans la cour,
soit dans le préau, au nombre de 750. Nous pûmes
saluer le digne abbé Crose, respectable et aimable
aumônier de la Roquette, vieillard à cheveux blancs,
tellement aimé des gardiens, qu'il leur doit sans
doute de n'avoir pas été évacué le lundi comme les
autres prêtres, à la Roquette, où il aurait été beaucoup plus exposé qu'à Mazas.

Nous n'étions pas moins de quarante Frères. Il y avait
aussi des séminaristes de Saint-Sulpice. Je retrouvai
là, à mon grand étonnement, un brave et digne
homme de nos amis, M. Poitevin, directeur du matériel au ministère des affaires étrangères. Sa vue me
fit peine, car il avait grandement souffert de sa détention, ce qui ne se lisait que trop sur sa figure. Il y

avait aussi beaucoup de « réactionnaires », de réfractaires ; les voleurs ne manquaient pas dans cette réunion ; puis enfin, il y avait aussi des communeux ; car, bien que le proverbe prétende que les loups ne se mangent pas, les communeux s'envoyaient presque à tour de rôle en prison. J'ignore si ce sont ces derniers qui ont crié : Vive la Commune ! au moment d'avoir leur liberté. Le fait est qu'ils ne la lui devaient pas ; car j'ai appris depuis que le citoyen Garreau, étant revenu vers onze heures avec deux délégués de ladite Commune, au moment où tous les oiseaux étaient sortis de la cage, fit éclater sa fureur en la trouvant vide. Il fit du tapage, et voulut faire sauter les bâtiments ; mais les gardiens eurent encore le bon esprit et le courage de lui tenir tête. Ils parvinrent à le désarmer, et enfin à l'enfermer dans une cellule, où les soldats Versaillais n'eurent qu'à le prendre pour faire justice de lui dans Mazas même, ce qui eut lieu le vendredi 26 mai.

En nous mettant en liberté, on nous tirait d'un péril pour nous jeter dans un autre ; car, à la porte de Mazas, nous trouvions les fédérés construisant des barricades, et réquisitionnant tous les hommes indistinctement pour les aider dans cette œuvre aussi inutile qu'elle était criminelle, les forçant même à s'habiller en gardes nationaux et à prendre un fusil. Bien peu d'entre nous ont pu échapper à cette contrainte. J'ai pu, grâce à mes jambes, qui ne sont pas encore trop mauvaises, être du nombre de ceux qui y ont échappé, ainsi que le directeur dont j'ai parlé plus haut.

Après une course dans laquelle le bon Dieu seul nous a dirigés, car nous allions à l'aventure, nous

nous sommes trouvés, une dizaine de Frères et moi,
sur l'avenue Saint-Mandé. Un digne homme, M. Nat-
tier, nous a donné pendant trente et une heures (dans
ces circonstances on compte les heures) une hospitalité dont nous lui sommes très-reconnaissants. Nous
étions, ainsi que sa famille, passablement exposés,
car la maison se trouvait entre deux feux : les fédérés,
occupant la barrière du Trône, d'où ils tiraient dès le
vendredi matin comme des insensés ; et les Versaillais, qui petit à petit, prudemment, mais sûrement,
nous arrivaient. Ce n'est que vers cinq heures du
soir que nous avons eu le bonheur de voir ces derniers tirer les premiers coups de feu. Nous pen-
sions qu'il faudrait encore patienter au moins vingt-
quatre heures ; mais à sept heures la barricade du
Trône était enlevée, et le drapeau tricolore remplaçait
l'ignoble guenille rouge.

Ayant avisé un officier des troupes régulières, nous
lui demandâmes si nous pouvions sans danger nous
diriger vers nos demeures respectives, y rassurer
sur notre compte ceux qui nous portaient intérêt, et
qui étaient d'autant plus inquiets, que les journaux
de ce même jour avaient annoncé que soixante-dix
Frères avaient été fusillés à Mazas. La réponse ayant
été affirmative, nous eûmes bientôt fait de déguerpir.
Quelle joie nous ressentions en passant devant le front
de nos troupes ! Les soldats et les officiers, bien que
nous ne fussions pas sous le costume religieux, nous
reconnaissaient cependant, et nous demandaient avec
une curiosité anxieuse des nouvelles des otages, et en
particulier de Mgr l'archevêque. Comme nous savions
par nos gardiens à peu près ce qu'il en était, nous

eûmes, hélas! la douleur de répondre d'une manière peu satisfaisante.

Si j'étais sauvé, ainsi que mon sous-directeur, il restait vingt-cinq personnes de la maison d'Issy dont je n'avais pas la moindre nouvelle. Ce n'est que trois ou quatre jours après que j'ai acquis la certitude que la Providence nous avait conservés tous. Nous l'avons remerciée du fond de notre cœur, d'autant plus qu'elle a aussi conservé notre établissement, où nous continuerons de faire à nos chers enfants le plus de bien possible, quand même nous devrions nous préparer ainsi, pour l'avenir, une ovation semblable à celle qui nous a été faite, le 8 mai, de Montrouge à la préfecture de police. Nous nous proposons également d'ériger une statue à saint Joseph, à qui nous avons fait plusieurs neuvaines. Il est certain que ce grand saint s'est mêlé de nos affaires. Nous avons été, ainsi que la maison, exposés à des dangers tellement imminents qu'il n'a rien moins fallu que sa puissante intervention pour nous en tirer. Donc nous nous écrions avec les sentiments de la plus vive reconnaissance : Vive saint Joseph!

Votre très-humble serviteur,

Frère PHOTIUS.

Issy, le 11 juin 1871.

ENTRE

CHIEN ET LOUP

I

Il y a six mois, le gouvernement de la Providence
avait livré Paris, capitale de l'ancien royaume très-
chrétien, aux libres ébats de cette puissance inno-
mée, qui tend à faire de toutes les nations la matière
expérimentale de ses formules. En attendant qu'elle ait
trouvé une forme sociale assez définie pour y prendre
corps, et pour instrumenter au profit de l'empire
très-substantiel qu'elle convoite, cette puissance
nous est apparue avec des caractères révélateurs de
sa nature intime : nous l'avons entendu rugir ; nos

yeux lisent encore les empreintes de sa griffe ; nous
avons eu, résumée en peu de jours dans une étroite
enceinte, une ébauche et comme un avant-goût du
règne de la bête.

La caractéristique de cette révolution, m'a dit
Raoul-Rigault, ce sera : mort aux religions, aux
cultes, aux prêtres ; — et encore — : « Tant qu'il y aura
un individu qui prononcera le nom de Dieu, tout sera
encore à faire, et il y aura toujours des coups de fusil
à tirer ! »

Je ne viens point dire ici ce que chacun sait, ni
dire tout ce que je sais ; mais le rideau du temps
s'épaissit et dérobe chaque jour quelques traits de ce
drame, dont il faudrait ne rien oublier. Les paroles de
Rigault m'ont vivement frappé. Elles ont l'amère saveur des aphorismes réalistes et positivistes. Nous les
avons vues d'ailleurs prendre vie et engendrer des
actes publics éclatants. Rigault, emporté par un courant trop tumultueux, n'a pas cependant perdu de
vue sa *dominante* : témoins les murs ensanglantés de
la Roquette.

La persécution est venue atteindre jusque sous le
drapeau de Genève, jusqu'au chevet des blessés, les
plus humbles, les plus populaires représentants du
génie chrétien et catholique. L'armée, le pays tout
entier ont vu à l'œuvre, pendant le siége de Paris, les
Frères, ces infirmiers incomparables, ces précieux
auxiliaires de l'Œuvre des ambulances de la presse.
La Commune est venue un jour les saisir sur le théâtre
même et dans le plein exercice de leur dévouement.—
Hors d'ici les frocards ! Qu'on se déguise ! — Non,
qu'on décampe ! qu'on aille rejoindre Darboy ! — Mort
aux ignorantins !

Déjà l'ogre du jour avait porté la main sur ces ambulances, en jetant à la Roquette M. de la Grangerie, leur principal organisateur et secrétaire général du comité. Je m'étais mis à la disposition du docteur Demarquay, resté seul en face de responsabilités écrasantes. Il personnifiait l'œuvre médicale : j'étais délégué aux *relations extérieures*. Un des grands honneurs de notre vie, — m'a dit depuis le docteur Demarquay, — ce sera peut-être d'avoir étendu la main, autant que nous avons pu le faire, entre ces pauvres Frères et la Commune.

Dans quelle mesure, dans quelles circonstances avons-nous conquis cet honneur? — C'est ce que fera connaître l'exposé rapide de certains faits relatifs à la situation des Frères parmi nous. Qu'on me pardonne d'avoir conservé çà et là les vulgarités, les crudités même sans lesquelles l'accent des situations serait faussé.

Pendant que je faisais les démarches les plus actives pour la mise en liberté de M. de la Grangerie, secrétaire général du comité des ambulances de la presse, le docteur Demarquay, se conformant au plan que nous avions adopté, prenait de son côté des mesures avec le docteur Claude, médecin en chef de la Commune, pour que les Frères de l'ambulance de Longchamps pussent échapper, à la faveur d'un changement de costume, aux premières avanies qui ne manqueraient pas d'ouvrir pour eux l'ère des persécutions. L'hôtel de ville n'avait pas cherché à dissimuler les sentiments et les intentions dont les hommes de la Commune étaient animés contre tout ce qui se rattachait au culte religieux. Pour le moment, on se contentait de proscrire la robe. Mais la ferveur révo-

lutionnaire était de tel aloi, que chaque heure engen-
drait de nouvelles résolutions et de nouvelles mesures. C'est ce que je pus constater dès le lendemain
du jour où m'avait été remise cette lettre du docteur
Claude :

« Je vous envoie ci-joint un bon pour soixante-dix
habillements de gardes nationaux ; vous voudrez bien
les faire chercher aux magasins généraux d'habillement, et habiller immédiatement les ignorantins.

« Hôtel de ville, 11 avril 1871.

« Dr CLAUDE. »

Or, le 12 avril au matin, les hommes que j'avais
envoyés, conformément à cet avis et munis du bon
en règle, toucher les soixante-dix uniformes, étaient
brutalement éconduits : la Commune n'avait pas à
donner pour un tel usage le drap destiné aux patriotes... Les ignorantins n'avaient qu'à couper leurs
robes et à les fourrer dans leurs pantalons, etc.

Et le 16 avril, cinq jours plus tard, dans une entrevue que j'eus avec les frères May (Élie et Gustave),
intendants de la Commune, le mouvement s'était pro-
noncé à ce point que la liberté, l'existence même des
Frères était en question.

M. de la Grangerie était sorti de la Roquette.

Le citoyen Raoul-Rigault avait enfin, non sans me
laisser revenir quatre fois à la charge, dégagé la
parole qu'il m'avait donnée en ces termes : « Vous y

tenez à cette carcasse? Après tout, je me f... pas mal
que sa charogne pourrisse à la Roquette ou ailleurs ;
je vous en fais cadeau... Ne me remerciez pas... ça
n'en vaut pas la peine... Vous m'en répondez corps
pour corps, et prenez garde que cette pourriture ne
nous gêne en quoi que ce soit... cette fois, vous
paieriez pour tous. »

Or, depuis cet octroi de vie, les tracasseries ne
faisaient que se multiplier. Il ne se passait pas de jour
qu'on n'arrêtât plus ou moins provisoirement quelque
jeune médecin ou pharmacien de la presse. On les
rudoyait dans l'accomplissement de leur service,
même le plus urgent. La malveillance, l'hostilité,
s'accusaient d'heure en heure. C'était à l'occasion
d'un de ces conflits, et pour m'éclairer sur les véritables dispositions du dictateur Cluseret à notre
égard, que j'étais allé trouver les frères May.

J'étais accompagné du docteur Harzé, médecin
belge attaché à l'ambulance de Longchamps. Nous
attendions dans un salon notre tour d'audience, lorsqu'une jeune femme, assez somptueusement vêtue
d'une robe de satin violet à longue traîne, entra dans
ce salon.

Au léger salut que nous lui fîmes, elle répondit en
se plaçant cavalièrement vis-à-vis de nous sur une
chaise basse, et en engageant une conversation des
plus bizarres. Dès les premiers mots, je fus fort à
l'aise avec elle, car elle ne laissait aucun prétexte à
la réserve ou à la circonspection. Nous sûmes tout
d'abord que nous étions en présence de la citoyenne
Eudes. Sans rapporter ici un assez long entretien,
je me borne à dire que j'appris d'elle notre véritable
situation.

On allait nous supprimer, parce que nos *agents*, et en même temps ceux de Versailles, étaient les ignorantins. On se saisirait d'eux, et on les verserait *illico* dans les compagnies d'avant-postes, aux tranchées. On répartirait le personnel de la presse dans les bataillons qui manquaient de médecins. Peut-être nous laisserait-on avec notre organisation, mais à la condition que nous emploierions comme ambulancières des citoyennes qu'elle-même, citoyenne Eudes, *était en train d'organiser*. Elle se mettait entièrement à ma disposition, et serait flattée de·nous aider de tous les moyens dans notre mission *humanitaire.*

La citoyenne Eudes attachait évidemment le plus grand prix aux faveurs dont elle se promettait de nous accabler. Nous allions devenir l'ambulance de la Commune, la seule, l'unique ; car, dans ses vues organisatrices, elle supprimait ou fusionnait tout le reste. Et comme pour faire valoir le mérite de cette protection, elle appuyait sur notre affreuse condition présente, sur le malheur que nous avions d'être les seuls ambulanciers livrés aux menées infâmes des calotins, qui, elle n'en doutait pas, avaient surpris et trahissaient notre bonne foi. Elle nous plaignait d'être aveuglés à ce point. Elle admettait que tant de citoyens d'intelligence et de cœur, des hommes comme Ricord, Demarquay, etc., eussent été séduits sous un régime Trochu par l'habile hypocrisie d'un dévouement apparent ; mais elle comprenait peu que l'avénement de la Commune n'eût pas éclairé les esprits. Quant à elle, elle était persuadée que les ignorantins étaient des scélérats. Les plus malins sont les séides du despotisme et de la réaction monarchique ; — le troupeau : brancardiers, infirmiers, n'est qu'un tas de brutes *fanatisées* qui se font tuer par pur *fana-tisme, comme le bœuf stupide* (?!). Mais ils torturent l'esprit des blessés et des mourants, et même, elle, citoyenne Eudes, a de bonnes raisons de croire qu'ils empoisonnent, avec art et raffinement, les patriotes qu'ils ne peuvent corrompre. C'est donc un devoir pour la Commune de détruire cette organisation de scélérats, dont on devrait promener les têtes *sur des piques les plus hautes.* Et comme on ne veut pas, cette fois, faire de don-quichottisme, on les placera bel et bien aux tranchées, où ils serviront, du moins, de rempart aux patriotes.

Ce résumé succinct, plutôt atténué que surchargé en couleurs, fera mesurer l'étendue du terrain que j'avais fait parcourir à cette aimable citoyenne, lors-que, en me quittant, elle m'offrit la main (*horresco referens*), et jura qu'elle allait s'employer pour ob-tenir l'ordre de renvoyer *purement* et *simplement* les ignorantins de notre ambulance, en leur donnant le temps de dissimuler, s'il se pouvait, leur *ignoble personne,* encore plus hideuse *déguisée que nature.*

Cette entrevue avait fait naître en moi de réelles alarmes. La citoyenne Eudes était en ce moment toute-puissante. Ses façons de Clorinde de carrefour avaient fasciné les défenseurs des forts du sud, com-mandés en chef par son mari. Elle avait *elle-même* envoyé les premières volées de canon du fort d'Issy aux troupes *royales.* Elle passait devant les rangs avec le chassepot en bandoulière et le revolver au poing. Elle déposait de temps à autre son *flingot,* me dit-elle elle-même, pour aller ramasser sous le feu les braves, *victimes de la furie versaillaise.* Le citoyen délégué à la guerre se voyait contraint de subir et sa présence

assidue, et une certaine ingérence de la virago dans
son administration. L'intervention de cette Égérie dans
les conseils, surtout en matière d'ambulance, pouvait
donc n'être pas sans résultat.

Avant de quitter le ministère, je fus confirmé dans
mes pensées par l'entretien que j'eus avec l'intendant
général May. Il ignorait mon entrevue avec la citoyenne Eudes, et il me répéta avec beaucoup plus
de mesure, et en termes convenables, tout ce que je
venais d'apprendre. Toutefois il m'engageait à voir
le délégué à la guerre, Cluseret, à tâcher d'obtenir
de lui au plus tôt une décision catégorique, sur laquelle j'aurais à arrêter avec certitude ma ligne de
conduite; il me promit de le voir le jour même, et
de le disposer de son mieux à me faire accueil.

Le lendemain, 18 avril, je revis l'intendant May
avant de me présenter au délégué Cluseret. J'étais
accompagné du docteur Demarquay et de M. de la
Grangerie. May me prit à part, et me dit qu'il était
fâcheux que M. de la Grangerie m'eût accompagné.
Il y a, me dit-il, *deux cheveux* dans votre affaire : les
ignorantins et la Grangerie. Enfin, tâchez d'en sortir;
je veux du moins vous accompagner et vous servir
de *tampon*.

Le délégué Cluseret était à table au moment où le
citoyen de garde, faisant fonction d'huissier, nous introduisit dans son cabinet. Il vint à nous la serviette
à la main, le feutre mou de forme tyrolienne sur
la tête.

« Que me voulez-vous ? »

L'intendant May nous nomma, et exposa le but de
notre démarche. M. de la Grangerie prit la parole. Un
geste sec l'interrompit :

« Vous êtes M. de la Grangerie? — Vous avez été arrêté? — Rigault vous a relâché? » Puis, s'adressant au docteur Demarquay et à moi : « Les ambulances de la presse sont un nid de réaction et d'espionnage. Inutile de protester, je suis *fixé*. Autant de Frères vous avez chez vous, autant d'espions vous abritez. Il y a des preuves matérielles. Je vais prendre aujourd'hui même une décision, et elle vous sera notifiée par l'*Officiel*.

— Soit, dis-je ; mais en attendant, citoyen délégué, qui me garantit la sécurité de mon personnel?

— Je n'ai pas à m'expliquer ni à vous donner de garanties ; attendez l'*Officiel*.

— Très-bien ; je vais donc immédiatement engager à s'occuper d'eux-mêmes les hommes dévoués, Frères ou médecins, que vous laissez sous le coup d'une menace. Il serait par trop... *simple* que leur zèle professionnel les exposât à aucune vexation. Vous aurez à pourvoir à la situation de six cents blessés que nous laissons dès ce moment sous votre tutelle. »

Le citoyen Cluseret eut un instant d'hésitation.

« Allez, me dit-il, vous avez vingt-quatre heures pour pourvoir à la sûreté de votre personnel. D'ici là, il sera statué.

— En tout autre temps, insistai-je, une assurance verbale me suffirait ; mais les circonstances peuvent, à toute heure, en détruire l'effet. Donnez-moi un écrit qui témoigne du moins de votre volonté, et qui, au besoin, soit notre sauvegarde contre les injonctions ou les réquisitions du premier venu. »

Le citoyen Cluseret parut vouloir nous tourner les talons. Il se ravisa, griffonna quelques lignes, y appuya le timbre de son cabinet, nous fit un salut sec, impertinent, plus que menaçant, et rentra dans la salle d'où il était sorti.

Le sauf-conduit était ainsi libellé :

« L'ambulance de la presse est provisoirement maintenue, et n'a d'autre ordre à recevoir, d'autre contrôle à subir que celui du docteur Courtillier, médecin en chef de l'armée.

Le délégué de la guerre,

« G. CLUSERET.

« Paris, 18 avril 1871. »

Comme nous descendions l'escalier, May me prit à part. « Un bon avis, me dit-il ; débarrassez-vous sur l'heure des Frères, et que la Grangerie disparaisse. N'hésitez pas, ne vous fiez pas au terrain, Cluseret est débordé.

« Les Frères seront enlevés, Cluseret fera fusiller la Grangerie, qu'*on a dans le nez,* je ne sais pourquoi ; jetez tout cela par-dessus bord, si vous tenez à vos ambulances. Le plus sûr serait peut-être de tout lâcher ; mais n'essayez pas de vous maintenir tels que vous êtes ; vous perdrez tout, et vous avec. »

La conjoncture était critique. M. de la Grangerie déclara que pour lui il n'avait aucune intention de lutter contre ces flibustiers, qu'il allait pourvoir au soin de sa sûreté personnelle, ayant assez goûté les douceurs du régime pendant ses douze jours de prison. Il nous souhaita bonne chance, fut d'avis que dans l'intérêt général il ne fallait pas persister à garder les Frères, et se retira.

Mais le retrait des Frères n'était pas une mesure qui pût s'effectuer sans compromettre l'existence de notre ambulance, si elle avait pour effet l'abandon pur et simple de plus de 400 malheureux soldats, dont un grand nombre était en état de reprendre un service déshonorant; je ne pouvais non plus supporter la pensée de subir l'élément civil, de l'un ou de l'autre sexe, que ne manquerait pas de nous imposer l'administration de la Commune. Une seule chance nous restait, celle d'obtenir des infirmiers militaires. Je savais qu'un certain nombre de soldats de cette catégorie étaient gardés à vue à l'École militaire. J'allai trouver le sous-intendant chargé des hôpitaux, Demissols, et je lui posai nettement l'alternative : ou nous disperser sur-le-champ, ou continuer nos services avec un personnel militaire régulier, ce à quoi nous donnait droit notre titre d'ambulances *annexes de la guerre*. La proposition fut aussitôt portée à l'intendant général, qui parut la saisir avec empressement, et se chargea de la faire approuver par Cluseret. J'écrivis, séance tenante, une lettre ainsi conçue :

AU CITOYEN DÉLÉGUÉ A L'INTENDANCE

Citoyen,

Je viens vous informer que nous venons d'arrêter en principe la suppression du personnel religieux de nos ambulances, les circonstances présentes ne nous permettant plus d'utiliser au profit des blessés leur

expérience et leur dévouement. Vous voudrez bien les
remplacer par un nombre suffisant d'infirmiers militaires à notre service. Notre personnel médical pourra
ainsi continuer à soigner les blessés.

Le Directeur de l'ambulance de Longchamps,

N. COTTE.

Cette lettre laissée entre les mains de l'intendant
May, je me rendis auprès des Frères Calixte et Baudime, assistants du T.-H. F. Philippe, et je leur fis
connaître l'état de choses qui motivait la retraite et
même la dispersion de leurs religieux. Le lendemain
matin, un officier d'administration se présentait à
Longchamps à la tête d'un détachement d'infirmiers
militaires. Il me remit une lettre signée du sous-intendant chargé des hôpitaux militaires ; elle était conçue
en ces termes :

Paris, 18 avril 1871.

AU CITOYEN GAGEDOIS

COMMANDANT LE DÉTACHEMENT D'INFIRMIERS MILITAIRES
A L'ÉCOLE MILITAIRE

J'ai l'honneur de vous prier de vouloir bien
prendre les dispositions nécessaires pour avoir sous
la main, dès demain, à huit heures, 105 infirmiers,

cadres en plus, avec lesquels vous devez vous mettre à la disposition du directeur des ambulances de la presse, aux baraques de Longchamps. Ce personnel est destiné à remplacer les Frères ignorantins, auxquels nous venons de faire vider les lieux.

Salut et fraternité.

Le sous-intendant chargé du service des hôpitaux,

DEMISSOLS.

Le départ subit des Frères et l'envahissement simultané de tous les services par l'élément militaire donnèrent lieu à des manifestations d'opinions et de sentiments fort instructives, même pour les esprits bien édifiés sur les phénomènes de ce qu'un poëte ancien appelle *popularis aura*. Les blessés appartenant aux bataillons fédérés ne furent pas les moins émus, et ne se montrèrent pas les moins indignés du traitement infligé à des hommes dont ils avaient bien vite apprécié le dévouement, le désintéressement et le zèle. Le commandant d'un bataillon de Montmartre jura qu'il se plaindrait à la Commune, et que ses hommes, mis au courant de ce qui se passait, réclameraient contre un abus de pouvoir ignoble. La plupart, lorsqu'on les avait apportés à l'ambulance, avaient témoigné une répulsion marquée, souvent même une haine farouche à la vue des Frères en robe. « C'est bien la peine, avait dit l'un d'eux, de se faire casser la g... sous le drapeau rouge pour tomber entre les mains des calotins. »

On entendait maintenant un tout autre langage :

« Allez donc vous faire massacrer, vous citoyens,
pour tomber sous la patte de la soldatesque ! » Ces
dispositions persistèrent, et le souvenir des Frères
infirmiers ne cessa d'entretenir, par voie de comparaison, une sourde hostilité dans les salles contre les
employés militaires ; mais la suite des événements
me donna lieu de m'applaudir du parti radical qui
avait été adopté.

II

C'était surtout comme instituteurs que les Frères
de la Doctrine chrétienne étaient en butte aux persécutions. Un seul arrondissement de Paris où la municipalité ne les tracassa que peu ou point, fut le XVIᵉ.
Le délégué de la Commune à l'administration du XVIᵉ
arrondissement était le citoyen Napias-Piquet, élève
et ami de Proudhon, ancien notaire, qui avait encouru,
je ne sais pour quelle cause, plusieurs années de
déportation ; cet homme appartenait à la classe des
économistes utopistes. Il avait en médiocre estime les
procédés des *jeunes de la Commune* et les délibé-
rations de l'hôtel de ville, qu'il aurait voulu voir
surtout dirigées sur les problèmes économiques. Le
capital, la propriété, l'organisation du travail, étaient
ses *dadas*.

« Mais, malheureux, lui disais-je, ne voyez-vous
pas que vos amis se soucient de tout cela comme

d'une noisette; qu'ils appliquent, par le menu, à toutes les questions de cet ordre une solution uniforme : détruire pour prendre ou prendre pour détruire ; que le point de vue qui les préoccupe est bien autre; qu'ils ne tiennent pas plus compte des affaires communales que de l'Alcoran ; que ce qu'ils veulent, c'est la France, c'est l'Europe, c'est le monde entier sens dessus dessous, pour grimper et rester sur les sommets ! »

Napias convenait que tout ce personnel était un peu jeune, un peu fier-à-bras, un peu démolisseur; mais il affirmait qu'au fond et au demeurant c'étaient les meilleurs fils du monde.

Il espérait que, le terrain une fois déblayé, on aurait lieu d'être étonné de l'immense force organisatrice que recélaient ces intelligences tumultueuses.

En un mot, Napias était, sur ce point, un naïf.

Aux élections complémentaires, le citoyen Napias-Piquet, qui s'était porté candidat à la Commune, échoua contre le citoyen Longuet, qui fut nommé par quelque 200 voix !

Napias en eut, je crois, 75. Sans doute pour le consoler et adoucir sa blessure, on le maintint dans l'arrondissement avec le titre de délégué extraordinaire du comité de *salut public*, ayant pleins pouvoirs. Il était spécialement chargé des confiscations, saisies d'immeubles, expulsions et autres opérations économistes. Tout en restant pour lui un réactionnaire avéré, je parvins, en écartant les questions brûlantes, en me montrant surtout très-friand de dissertations sur les échanges et sur l'organisation du travail, à prendre un certain empire sur cet esprit dévoyé, mais nullement scélérat. J'en usai dans toutes les circon-

stances critiques, et Dieu sait si elles se présentèrent
drues et aiguës. J'en usai notamment pour assurer,
autant que possible, la sécurité et les intérêts des
Frères de l'arrondissement. Maintes fois le citoyen
Napias me fit voir des ordres précis, urgents de la
Commune, qui le trouvait fort lent dans ses opérations
contre l'immeuble que les Frères possèdent à Passy.
Il sut si bien traîner les choses en lenteur, que la catastrophe finale vint le frapper sans qu'il eût permis
à qui que ce fût de molester les Frères de Passy. Ses
sentiments, je le répète, étaient loin des abominables
théories de son parti. Il avait vu et connu en Afrique le
R. P. Brumaud et les trappistes de Mezerghin ; il parlait
d'eux avec affection, avec respect. Il tenait pour coupables et iniques au premier chef les procédés de persécution dignes, disait-il, d'un autre âge ; il affirmait
que, dût-il encourir les sévérités de la Commune, il
ne consentirait jamais à se faire l'instrument de ces
passions inintelligentes autant qu'immorales ; qu'au
contraire, il considérait comme son devoir d'honnête homme et de bon citoyen de réagir, dans toute
l'étendue de ses moyens, contre un pitoyable entraîne-
ment, qui ne pouvait que faire dévier le mouvement
purement socialiste du 18 mars.

À mon tour, je considère comme un devoir de rapporter, à la décharge de ce malheureux égaré, les paroles ou les faits propres à atténuer si peu que ce
soit, en ce qui le concerne, l'horreur soulevée par
le souvenir des hommes qui ont servi la cause de la
Commune.

Un jour, le citoyen Napias m'accompagna en grand
secret à la maison des Frères, rue Oudinot. Nous
vîmes les Frères Baudime, Calixte et Exupérien. En

les quittant, Napias jeta un long regard sur les bâtiments.

« Savez-vous, me dit-il en me tenant le bras, de quoi il s'agit pour la société ?

— De faire comme ces gens-là !

— Voilà la Commune ! Au lieu de les traquer, il faut les étudier ! Au lieu de les exproprier, il faut bâtir autour d'eux et comme eux : voilà la Commune de l'avenir ! Les autres questions sont une perte de temps, y compris la question religieuse, qui n'est qu'un mode *sui generis* de l'évolution psychologique dans l'espèce. »

Je restai abasourdi, mais convaincu que dans cet homme il y avait du bon.

Malheureusement tous les séides de la Commune n'étaient pas d'humeur aussi pacifique. Et les pauvres Frères n'étaient pas, partout ailleurs qu'à Passy, sur un lit de roses. Témoin le citoyen Le Moussu, et sa campagne contre la maison des Frères sise rue de Fleurus. Le dimanche 7 mai, dans la soirée, le Frère Exupérien vint me trouver chez moi, en tenue civile ; je crus voir le parfait notaire en personne. Il s'agissait d'un acte, mais d'un acte extra-légal perpétré par le citoyen Le Moussu. Ledit citoyen avait saisi le matériel garnissant l'école des Frères de la rue de Fleurus, et, ce qui était plus grave, faisait garder à vue tous les Frères y demeurant et y surpris. Il ne s'était pas expliqué sur le sort qu'on leur réservait ; mais l'état aigu de la crise n'augurait rien de bon. Évidemment on allait augmenter le nombre des otages, ou grossir les rangs de quelque compagnie avancée. Le Frère Exupérien me faisait l'honneur d'avoir foi en mon dévouement, et y faisait un pressant appel.

Le cas était périlleux, le terrain détestable, car déjà j'étais en suspicion auprès des autorités centrales, que les dénonciations tenaient journellement en éveil à mon égard, et la municipalité du VIᶜ arrondissement, avec des citoyens comme les Urbain, les Le Moussu, était d'humeur essentiellement revêche. Cependant, aiguillonné par un ardent désir de servir, coûte que coûte, une cause qui m'était chère, je méditai sur les moyens les plus propres à tirer du danger les pauvres Frères; et le lendemain, de bonne heure, confiant dans la Providence, je fis irruption dans l'antichambre du citoyen Le Moussu, et demandai fort impérieusement à le voir *pour affaire de service*. Ma tenue, suffisamment galonnée, opéra comme d'usage; on m'introduisit aussitôt.

On conçoit que dès les premiers mots d'un entretien dans lequel je ne pouvais, sans risque de tout compromettre, laisser transparaître mon but, de nombreux glaçons vinrent figer la veine d'un monologue hérissé d'écueils. La physionomie du citoyen perquisiteur était peu engageante. Il écoutait, puis il disait :

« Citoyen, je suis attendu au conseil, abrégeons; que voulez-vous de moi?

— Mais, citoyen, je serais fort aise que la proposition que je vais vous faire fût soumise au conseil.

— Eh bien, proposez, et nous verrons !

— Si je suis venu vous la faire à vous personnellement, cette proposition, c'est que le délégué du comité de salut public dans l'arrondissement que j'habite, le citoyen Napias-Piquet, y eût fait droit immédiatement sans l'approbation du conseil, si cela eût été en son pouvoir. Vos pouvoirs, je crois, sont aussi étendus que les siens ? »

Cette question, comme je le pressentais, mit le feu aux fusées ; je me trouvai enfin aux prises avec un interlocuteur pénétré de l'importance des services qu'il rendait, et tout entier au désir de se montrer tout-puissant. Je pouvais désormais, auditeur complaisant, lancer ma proposition. Je le fis hardiment, paraissant entrer dans le courant naturel des idées du citoyen. Je peignis en termes navrés les scènes de carnage dont les remparts de notre secteur étaient chaque jour le théâtre. J'accusai amèrement l'insuffisance de notre personnel auxiliaire, et l'absence de patriotisme des citoyens qui ne montraient aucun empressement à aller relever sous le feu les blessés. Je soumis enfin à l'appréciation du citoyen Le Moussu cette idée.

« Les Frères, qui furent pendant le siége de Paris nos auxiliaires, ont été exclus du service de nos ambulances. On les a dispensés ainsi bien mal à propos de corvées pénibles où ils excellent. Qu'on leur interdise l'enseignement sous ce nouveau régime, rien de plus logique ; mais, au lieu de les détenir sans profit public, ou de les incorporer dans des compagnies actives, ne serait-il pas intelligent de les contraindre à reprendre en faveur de tant de blessés, quelque répugnance qu'ils y éprouvent, un service pénible, périlleux même, et peu goûté des civils, qui, par tempérament, préfèrent mourir les armes à la main ? Il va sans dire que nous ne connaissons plus de Frères, mais de simples citoyens en tenue de champ de bataille. Pour moi, je les réclame comme brancardiers partout où je puis le faire. Ceux de Passy ont disparu ; mais le citoyen Napias, dont j'ai l'approbation, m'a fait connaître que vous en aviez sous la main un certain nombre, rue de Fleurus, et, au nom de notre œuvre humanitaire, je viens les requérir. »

Le citoyen Le Moussu baissa les yeux, et, d'un ton piteux :

« Ce qui était possible hier ne l'est plus ce matin. Cette nuit même, ces b......-là se sont évadés. Je n'y comprends rien. Il faut qu'ils aient des complices résolus. Mais enfin, autant que possible, je seconderai votre idée, qui me paraît juste et pratique. Les ordres les plus rigoureux sont donnés aux remparts. Ils seront repris, sinon tous, du moins le plus grand nombre ; et je vous donne ma parole que je vous les enverrai tous... Je n'y mets qu'une condition : c'est qu'ils feront avec vous un vrai service.. Vous m'entendez ? Tous ceux qui me tomberont sous la main, dans ma circonscription, vous les recevrez sous bonne garde. »

Je faisais mine de me retirer, mais le citoyen Le Moussu ne l'entendait pas ainsi. Je dus le suivre dans la salle des mariages, qui servait de salle de conseil. Là, on traitait avec une animation tumultueuse de l'événement de la nuit : l'évasion des ignorantins. Les plaisanteries et les grossièretés se ressentaient d'un évident dépit, dont je jouissais, comme on peut croire. Le Moussu mit ses collègues au courant de notre convention : elle fut généralement approuvée. Seul, le citoyen Urbain eut des paroles amères contre la naïve confiance avec laquelle Le Moussu admettait que ces *calotins* allaient comme cela se dévouer par *voie de réquisition*. Le coup portait ; Le Moussu chancelait et paraissait irrésolu. Je me hâtai de dire que l'observation du citoyen Urbain était juste, mais que je connaissais un moyen infaillible de faire marcher carrément les Frères que je recevrais comme brancardiers.

« Lequel ?

— L'ordre des supérieurs.

— Ah ! parbleu ! mais plaisantez-vous ? Où les joindre ? Comment les décider ? Allez-vous les faire entrer dans votre jeu ?

— C'est difficile, mais j'y arriverai.

— Par le chloroforme ? fit un médecin de bataillon.

— Les moyens *éthérés* suffiront, citoyen docteur.

— Soyons sérieux : le citoyen Le Moussu n'a pas épuisé sa liste de confiscations ; les Frères ont certainement quelque part dans Paris des biens meubles ou immeubles, et cela tôt ou tard viendra à sa connaissance. Une perspective ouverte à propos sur des opérations possibles donnera fort à penser aux supérieurs. »

On voulut bien trouver piquante cette combinaison, et ce fut le texte à d'aimables plaisanteries. Avant de me retirer, et suivant une invariable habitude contractée dans mes rapports avec les citoyens, je jugeai prudent de garder trace écrite de ce qui m'était promis. Le citoyen Le Moussu fit dresser, en l'annotant, la liste suivante :

Paris, le 8 mai 1871.

Liste des ignorantins évadés de la rue de Fleurus, que le citoyen Cotte, directeur de l'ambulance de la presse, est autorisé par moi, citoyen Le Moussu, à

requérir partout où il pourra les atteindre, et qui seront mis immédiatement à sa disposition par la municipalité du 6e arrondissement, si elle les ressaisit
ensemble ou isolément :

Sabatier, né le 10 octobre 1845.

Guillaume (Jean), né le 15 décembre 1848.

Boudarel (Jean-Baptiste), né le 25 mars 1848.

Torcheux (Joseph), né le 5 novembre 1845.

Bachelet (Aimé), né le 25 octobre 1831.

Chabrier (Jean), né le 25 avril 1851.

Rouel (Michel), né le 17 juillet 1836.

Estival (Bernard), né le 20 juin 1839.

Saby (Vital), né le 31 juin 1841.

Thomans (Jean-Pierre), né le 16 novembre 1843.

Chaignet (Jean), né le 16 avril 1825.

Bouthol (Jean-François), né le 16 février 1834.

Thomas (Jean-Pierre), né le 16 avril 1825.

Chol (Jean), né le 24 mai 1852.

Foussat (Marien), né le 30 juillet 1852.

Muni de cette pièce, j'allai trouver le bon Frère
Baudime, et je lui laissai un ordre portant réquisition de tout Frère qu'il pourrait mettre à ma disposition.

Je communiquai au citoyen Le Moussu la réponse
du Frère Baudime. Ainsi se trouvait ménagé, en cas
d'incidents malheureux, un refuge aux Frères pour-
suivis et inquiétés, qui pouvaient toujours trouver
aux pavillons de Longchamps un emploi officiellement
autorisé, comme cela se produisit, en effet, pour sept
ou huit d'entre eux.

III

A travers des difficultés et des périls de toute nature, l'ambulance de Longchamps poursuivait sa
tâche au jour le jour, dans l'espoir d'un favorable et
prochain dénoûment. Dans le début, les pénibles
préoccupations étaient assez fréquemment égayées
par l'élément burlesque de la position. Chaque jour,
presque chaque heure, venait déplacer le terrain de
la défensive. Aujourd'hui on se heurtait à Claude, qui
voulait tout absorber. Un coup de raquette, un arrêté, un caprice, vous faisait rebondir entre les bras
de Courtillier, qui voulait tout pourfendre; un coup
encore : crac, vous voilà sur la poitrine de Roussel,
puis sur le dos de Rastoul. Mais les choses prirent
bientôt une tournure plus corsée. L'ère des mouvements tournants et des marches en avant était passée.
Le canon de Versailles prit la parole et l'horrible domina la scène. Dans notre chapelle, transformée en
salle des morts, les cadavres affluaient. L'impertur-
bable *Officiel* s'en tenait toujours au refrain : Nous
avons eu deux morts et trois blessés. Un jour, le doux
Ostyn vint promener son écharpe rouge dans nos
salles ; et de bonne foi, je pense, il faisait valoir aux
blessés les progrès de l'armée fédérée, le nombre des
victimes du côté de Versailles, l'insignifiance des pertes de la Commune. L'effroyable bruit de la canonnade et le crépitement des mitrailleuses scandaient
ses phrases melliflues. Le docteur Demarquay me

7

jeta un coup d'œil que je compris. Nous fîmes cent pas
avec notre homme, puis brusquement nous le mîmes
en face de la récolte du champ de bataille. On comptait ce jour-là 117 malheureux alignés sur deux files
et hachés par la mitraille. La mise en bière se faisait
à l'autre bout de la salle, sur les marches de l'autel
dépouillé, avec une activité saisissante.

« Vous voyez, dit Demarquay, les deux ou trois
morts de l'*Officiel*.

« — Et vous pouvez apprécier, ajoutai-je, l'effet
de ces annonces sur les centaines de citoyens qui
viennent ici chercher dans ces débris. »

Ostyn pâlit. Il sortit en piétinant dans le sang.

L'*Officiel*, dès le lendemain, négligea le côté statis-
tique de ses bulletins.

Bientôt l'inanité de la résistance, la mollesse et la
défection des bataillons amenèrent à l'hôtel de ville
le triomphe des violents. La chasse aux réfractaires
combla les vides des rangs fédérés. Aux agissements
trop anodins des Cluseret, des Rossel ou des théori-
ciens de la Commune ; se substitua l'action plus sommaire du Comité central et la gestion du citoyen Delescluze. L'impulsion fut prompte ; elle imprimait une
réelle terreur. Avec la terreur, la bassesse se donna
carrière. Les délations grossirent le nombre des victimes et des otages. Il n'y avait plus entre les citoyens
de haut bord qu'une évidente détermination de détourner de soi le revolver devenu banal.

J'eus beau me cantonner dans le strict accomplissement de ma tâche administrative, je n'échappai pas
à ce fléau des dénonciations occultes. Des avis me-
naçants m'arrivaient chaque jour, et chaque jour
c'étaient de nouveaux périls à conjurer, de nouvelles

justifications à présenter. Par instants, la lassitude et le dégoût brisaient en moi tout ressort. Le docteur Demarquay partageait mes angoisses; et dans un commun danger, nous faisions appel à toutes nos forces morales pour ne pas perdre pied. Allez-vous-en, écrivait-on tous les jours au brave docteur; vous n'êtes plus en sûreté. Le dénoûment approche, il sera sanglant; vous allez être arrêté et fusillé.

Je recevais, pour ma part, des lettres comme celle-ci :

MINISTÉRE DE LA GUERRE

14 mai.

Citoyen directeur,

Comment diable se fait-il que je reçoive tous les jours des plaintes sur les ignorantins qui soignent les malades dans votre ambulance ? Aujourd'hui elles émanent de la mairie du VIIᵉ, qui s'est adressée à l'inspecteur (comité central). Faites donc en sorte, s'il y a des ignorantins chez vous, de vous en débarrasser à l'amiable, pour ne pas vous exposer à les voir exclure un de ces jours par une escouade de gardes nationaux armés d'un ordre de la Commune, ce qui serait désagréable pour vous et pour moi.

Salut et fraternité.

Signé : Dr SÉMERIE.

Le citoyen Sémerie était alors chargé de la direction général du service médicale des hôpitaux et ambulances. Vis-à-vis de moi et dans le tête-à-tête, il
attendait comme chose inévitable et prochaine l'entrée des troupes dans Paris; mais, surveillé par le Comité central, il n'en prenait pas moins des mesures
rigoureuses et menaçait sans cesse.

« Dans les circonstances présentes, il faut, me
disait-il, hurler avec les loups. Un coup de fusil dans
le ventre est vite attrapé. Votre tête, la mienne,
n'importe laquelle, n'ont pas plus de valeur pour ces
gens-là qu'une pipe d'un sou à casser dans un tir.

« On vous soupçonne, c'est évident : si vous le
pouvez, s'il en est temps encore, tirez vos grè-
gues. »

Certes, de telles communications étaient faites pour
m'assombrir. Outre que j'avais présente cette bou-
tade d'un penseur :

« Si l'on m'accusait d'avoir empoché les tours de
Notre-Dame, je commencerais par mettre cent lieues
entre moi et mes accusateurs. »

Je ne pouvais me dissimuler qu'au point de vue de
MM. de la Commune je n'étais pas irréprochable,
même sur l'objet précis des dénonciations.

La maison du noviciat des Frères, rue Oudinot,
avait été, pendant le siége, convertie en ambulance.
Cette destination était encore alors indiquée à l'extérieur par un tableau portant la légende : *Ambulances
de la presse*, et surmonté du drapeau de Genève.
Les Frères que leur grand âge, les infirmités ou le
manque d'occasion avaient empêchés de fuir, s'y tenaient réfugiés et donnaient leurs soins aux blessés.
Dans une pensée préservatrice, et pressé de faire

évacuer ceux des pavillons de Longchamps, que les éclats de projectiles traversaient de temps à autre, nous avions même dirigé sur cette annexe une centaine de blessés. Or, bien que revêtus d'habits civils, les bons Frères avaient été dénoncés aux nouveaux venus par d'anciens malades; et comme, on se le rappelle, j'avais pris l'engagement de ne plus garder de religieux dans nos ambulances, le résultat d'une enquête nous plaçait, le docteur Demarquay et moi, sous le coup d'une accusation capitale : celle d'avoir livré traîtreusement des soldats fédérés aux mains des religieux déguisés et proscrits. Telle était précisément la portée des plaintes auxquelles la lettre ci-dessus faisait allusion. Le citoyen Sémerie, fonctionnaire de fraîche date, ignorait évidemment l'existence de l'ambulance Oudinot. Il ne pouvait donc comprendre, en présence de mes affirmations concernant l'absence de tout religieux à Longchamps, la persistance des dénonciateurs. Mais l'enquête allait révéler sous un jour certainement défavorable cette équivoque. Je faisais à ce sujet les plus sombres réflexions lorsqu'on me remit une seconde lettre qui disait ceci :

MINISTÈRE DE LA GUERRE

Paris, 19 mai 1871.

Citoyen directeur,

Si c'est une scie, je la trouve odieuse. Je reçois, tous les deux jours au moins, une plainte contre l'Ambulance de la presse, à cause des RELIGIEUX qui y

sont employés, et qui se comportent mal avec les
gardes nationaux. Il y a, dans ces plaintes, une persistance agaçante. Pour l'amour de Dieu, et surtout
de votre ambulance, si vous avez des religieux, sous
une forme quelconque, débarrassez-vous-en. Le
maintien de ces êtres-là est incompatible avec la situation actuelle, et je vous assure qu'on finira par
arriver chez vous avec un bataillon de gardes nationaux, pour mettre *tout le monde* dehors ou dedans.
S'il y a confusion, mettez une note dans les journaux;
mais je vous assure que les plaintes sont fréquentes,
et arrivent à chaque instant de source différente.

Dr SÉMERIE.

Notez que cette note est confidentielle, et que
pourtant je vais être obligé de vous envoyer un
inspecteur.

L'orage allait crever. Il n'y avait plus un instant à
perdre pour en prévenir le choc. Un quart d'heure
après cet avis, j'entrais chez le docteur Sémerie, et je
le mettais très-sincèrement au courant de la situation.
Aucune habileté ne pouvait avoir meilleur succès que
le simple exposé d'embarras que je n'avais pas créés
et dont, après tout, je ne demandais qu'à sortir. Les
dénonciations s'expliquaient d'elles-mêmes, et aussi
l'intervention de la mairie du VIIe, sans que ma
bonne foi pût être l'objet d'un soupçon. « Si les Frères
sont surpris dans leur retraite, me dit Sémerie, ils
sont perdus ! On les croit tous en fuite. Du train dont
marchent les choses, ceux-là paieront pour tous. Ils
iront rejoindre les otages. » Et comme j'appelais son

attention sur ce fait que, de ceux qui restaient rue Oudinot, les uns étaient cloués sur leurs lits par les infirmités, les autres, à peu près valides, soignaient leurs confrères et en même temps les blessés. « Sans doute, me dit-il, il y a là une situation que les sentiments d'humanité les plus élémentaires rendraient dignes d'intérêt. Mais le moment n'est pas aux procédés. *Ces gens-là* (les communeux) sont perdus, ils le sentent. Ils ont joué leur peau, et ils vont finir en désespérés. Allez donc apitoyer ces hommes violents, qui ne reculeront pas même devant la destruction de Paris! Tout y sautera. Ne vous y trompez pas, et ne jouons pas avec la crise. Pour moi, je veux bien vous aider, mais je tiens à ma tête. Ce que je peux faire, c'est de retarder la visite de l'inspecteur sous des prétextes dont je fais mon affaire. Que tous les religieux disparaissent, *tous*, même les infirmes. Mieux vaut encore pour eux être transportés n'importe où par les leurs, que d'entrer en civière à l'infirmerie de Mazas ou de la Roquette. Si vous leur portez intérêt, soyez dur et exécutez-les vous-même pour les sauver. »

Je connaissais trop les sentiments des hommes qui jouaient en ce moment leur partie suprême, pour ne pas partager les sinistres prévisions du docteur Sémerie. Je songeai un instant à faire amener à Longchamps les blessés de l'ambulance Oudinot. Les Frères pourraient ainsi se retirer sans abandonner autre chose que leur maison vide. Mais, après mûre réflexion, je compris que ce procédé laisserait à la merci de Le Moussu ou de tout autre confiscateur la maison signalée. Il me parut plus sûr de transporter rue Oudinot une partie de nos services et de notre

personnel militaire. Les Frères disparus, toute plainte
tombait à néant, toute enquête s'égarait dans le
vague. Le docteur Sémerie approuva ce plan. Il fit
lui-même une demande de réquisition motivée de
l'immeuble sis rue Oudinot, 27, abandonné par les
Frères, et se chargea de la présenter au Comité central; il me la fit parvenir le jour même avec cette
annotation marginale :

« Approuvé la réquisition d'urgence.

« Signé : BERGERET. »

Muni de cette pièce, je courus à la rue Oudinot, et
je mis lés Frères au courant de ce qui s'était passé.
Les Frères assistants comprirent la nécessité d'un départ immédiat. Je n'essaierai pas de peindre la douleur de ces hommes vénérables en voyant leurs frères,
accablés d'ans et d'infirmités, contraints de se tra-
vestir à la hâte, de se disperser au hasard, sans abri
certain, et dans un véritable état de dénûment. Le
Frère Calixte, que son grand âge rendait comme
chancelant sous ce coup, exhalait en exclamations
touchantes son désespoir, sa sollicitude éplorée pour
ses Frères. Plus jeune, plus *Parisien*, le Frère Baudime, non sans avoir versé des larmes, refoulait en
lui-même une poignante émotion, et songeait aux
mesures que nécessitaient les circonstances. J'étais
impuissant à adoucir l'amertume de cet exode. Je ne
pus qu'insister sur la brièveté probable de la crise,
et donner la plus énergique assurance de la résolution
où j'étais de faire respecter par tous les moyens cette
demeure, où nous allions nous établir en force, dans
le seul but de la sauvegarder.

Il fallait aviser promptement aux moyens d'effectuer le transport de six cents blessés et de l'énorme matériel d'un hôpital. J'allai trouver le sous-intendant Demissols. Je lui exposai la nécessité où nous étions, pour échapper aux projectiles dont les éclats criblaient nos pavillons, de fuir le terrain de Longchamps, et de nous réfugier dans un local moins exposé au feu. « Je connais, me dit-il, votre embarras, et je vais vous tirer d'affaire. Delescluze va vous signer, sur ma proposition, la pièce que voici, portant réquisition d'un ou de plusieurs locaux désignés et que vous choisirez, comme aussi du nombre de voitures nécessaires pour le transfert de votre ambulance. » Et il me présentait la pièce. Comme j'y opposais la pièce signée de Bergeret, m'autorisant à occuper la maison de la rue Oudinot : « Allons, allons, citoyen, je connais l'affaire ; on s'en est occupé, moi présent, à la commission exécutive. Vous avez surpris la bonne foi de Sémerie, qui a surpris la signature de Bergeret. L'un et l'autre ignoraient certainement qu'il s'agit de la *métropole* des ignorantins. Défense vous est faite de l'occuper. Le Comité central a des vues sur l'emplacement ; on doit d'ailleurs y faire des perquisitions. »

Ainsi je voyais mon plan ruiné de fond en comble. Je tentai d'insister. Demissols se fâcha. « Permettez, citoyen, le temps n'est plus aux plaisanteries. Vous ne vous êtes que trop occupé des Frères ; vous venez de faire une dernière imprudence ; je ne vous suivrai pas dans cette voie. Allez où vous voudrez : à l'archevêché, à la gare du Nord, de l'Ouest ou d'Orléans ; vous n'irez pas rue Oudinot ; cela vous est défendu. Voilà votre pièce, visée par Delescluze. Quittez Longchamps. Tenez-vous coi. On a l'œil sur vous, et je

souhaite sincèrement qu'on n'y ajoute pas la main ; —
quant à ce qui m'est personnel, ajouta Demissols en
se penchant à mon oreille, je commence à la trouver
infiniment mauvaise, et je m'esbigne. Il n'est que temps.
Ils vont f...le feu à Paris, je ne tiens pas les cartes dans
ce jeu-là. Vous avez mon dernier autographe officiel. »

En rentrant à Longchamps, je racontai au Dr Demarquay mes démarches et les péripéties de cette
laborieuse journée. La nécessité d'une prompte éva-
cuation s'imposait d'heure en heure plus urgente. Le
plateau de Longchamps n'était plus tenable, l'artillerie
le couvrait de projectiles. Deux hommes avaient été
atteints sous les tentes, et des éclats d'obus, crevant
les toits, étaient tombés entre les lits des blessés. Il
ne s'agissait plus d'une opération partielle et faite à
loisir, mais d'un transfert complet et presque instan-
tané. Le soir même, toutes nos dispositions étaient
prises.

Le lendemain, 20 mai, dès huit heures du matin, une
centaine de voitures tournaient dans toutes les rues et
avenues aboutissant à l'ambulance, dont l'accès, pendant la nuit, était devenu impossible. Les citoyens
Gaillard père et Dereure procédaient à la construction
des barricades, en prévision de la lutte suprême. Ces
patriotes, avec le farouche dédain de la vie... d'au-
trui, qui les caractérisait, avaient décidé que l'ambulance de Longchamps, littéralement criblée depuis
vingt-quatre heures, ne devait en rien gêner leurs
combinaisons défensives, et ils n'en démordaient pas !
J'étais exaspéré. Après trois heures de vaines sollicitations et objurgations, j'obtins enfin, par l'intervention des citoyens Longuet et Napias, un ordre de
détruire une barricade. Nous pûmes ainsi quitter Long-

champs. Le docteur Demarquay et moi, d'un commun accord, avions décidé de ne pas tenir compte des destinations qui nous étaient désignées, et de nous établir rue Oudinot. Nous y fîmes résolûment notre entrée.

Notre premier soin, en prenant possession de l'établissement, fut de prévenir, par un ensemble de dispositions préservatrices, toute dilapidation et tout dégât. Ce n'était pas chose aisée, avec un personnel aussi panaché que le nôtre. Il s'agissait de tenir en bride 120 infirmiers et plus de 200 fédérés convalescents, qui paraissaient disposés à considérer la maison comme une proie. Le docteur Demarquay occupait la salle du conseil. Les cellules des Frères furent assignées au personnel médical et aux sous-officiers. Je fis condamner les pièces réservées sur les indications du Frère Baudime. Le vestiaire protégea la papeterie et la librairie. Les officiers d'administration établirent leurs bureaux dans les salles principales du rez-de-chaussée. Je m'installai dans la salle des dessins et modèles, remplie de menus objets intéressants et précieux. Il y eut bien de ci de là quelques effractions; mais les larcins furent assez insignifiants : deux punitions rigoureuses et la menace d'une exécution sommaire eurent un effet satisfaisant.

Le dimanche 21, vers sept heures du soir, une vague rumeur nous fit pressentir l'entrée de l'armée dans Paris. L'heure du repas nous avait réunis. Là, comme à Longchamps, c'étaient les seuls moments de répit que se donnât la famille médicale, dont le dévouement, à l'exemple de celui du maître, était de tous les instants. Les journées se passaient à aller recueillir les blessés ou à pratiquer des pansements et

des opérations qui, pour les chefs de service, se suc-
cédaient souvent sans interruption du matin au soir.
Les conversations, tout en gardant l'empreinte des
préoccupations extérieures, débordaient d'entrain.
On entrevoyait enfin le salut. Un groupe effaré fait
tout à coup irruption dans la salle.

« La maison est enlevée! s'écrie un sergent. Ils sont
là en force. On demande le directeur.

— Qui?

— Les fédérés. »

Il y a un bataillon dans la cour. C'est le 122e. Stu-
peur générale. On se lève en tumulte. Je me dirige
rapidement vers la cour d'entrée, dont nous séparait
un long couloir.

« Cette fois nous y sommes! » me dit un officier d'administration qui se repliait avec quelques
hommes.

Dans la cour principale, la confusion et le tumulte
étaient au comble.

La lumière vacillante de quelques lampes éclairait
à peine une masse confuse. Les chassepots scintil-
laient sous la voûte d'entrée. Le silence se fit autour
de moi. Notre liberté et peut-être notre vie étaient
l'enjeu du moment.

« Qu'on m'amène, dis-je d'une voix forte aux gardes
des premiers rangs, celui qui commande le détachement.

— Le commandant! ohé! le commandant, par
ici! »

Un mouvement se fit, un officier ultra-galonné
s'avança.

« Citoyen, fit-il, c'est vous qu'*êtes* le directeur?...

— Permettez. Avant de m'interroger, qui êtes-vous? qu'est-ce vous venez faire ici? de la part de qui venez - vous?

— D'abord, je suis le commandant du détachement; on m'envoie *garniser* la maison. Je ne connais que mes ordres. Et vous, citoyen, si vous êtes le directeur, faut vous rendre au quartier!

— Vous avez un ordre écrit? Faites - le moi voir. »

L'officier tira de sa capote un portefeuille, et déplia un papier au timbre du Comité central. L'ordre n'était que trop formel.

« Le Comité central, fis-je en reculant d'un pas, c'est moi qui l'ai fait !! Allez lui dire que je l'... (voir Cambronne). »

Ahurissement de la troupe. Il fallait soutenir cette énormité. Je fis un plongeon résolu dans la fange du père Duchêne; ma voix s'éleva au ton de la fureur.

« Ah! vous croyez que ça va se passer comme ça! Vous croyez que depuis deux mois nous nous *décarcassons*, et nous jouons notre peau à tout moment pour danser au coup de baguette d'un demi-cent de j... f... qui se balladent au café de l'Intendance... pendant qu'on vous démollit par milliers, vous autres, et que nous ne suffisons pas à ramasser vos morceaux! Tenez, voilà le docteur Demarquay, un fameux chirurgien; voilà trente ou quarante médecins ou chirurgiens, les premiers de Paris : jour et nuit ils sont sur les dents pour soigner les citoyens blessés!... Ils en ont 600 sur les bras. Mais le Comité central s'en f... pas mal! 600 écloppés, qu'est-ce que c'est que ça! Que ça vive ou que ça crève : on n'en a plus besoin! Et puis on vous dit, à vous autres qui les remplacez : Tenez, il y a là un bazar qui nous va : empoignez-

moi ça! ça sera une caserne. Eh bien, non! c'est ici
le refuge de vos frères blessés, c'est la maison des
malheureux; vous y viendrez peut-être comme eux ;
nous vous défendrons comme nous les défendons.
C'est compris? assez de *rafût* comme ça, f... moi le
camp! Je vous jure que je ne *lâcherai* pas; le premier
qui avance, je lui brûle la g...! »

Un murmure, qui n'avait rien d'hostile, accueillit ce
beau morceau : « Il cause bien le citoyen; il n'a pas
tort! Au fait, qu'est-ce que nous f... ici? c'est une
ambulance, c'est pas une caserne. »

Le commandant résuma l'impression de ses hommes:
« Citoyen, ne nous faisons pas tant de bile. J'ai fait ma
commission. Vous ne voulez pas de nous?... Zut! nous
nous en allons! nous n'y tenons pas plus que ça! S'ils
y tiennent, eux, ils en enverront d'autres... Allons,
les enfants..., par le flanc droit. »

La retraite fut un instant retardée par la distribution
de quelques litres de vin aux patriotes plus ou moins
gradés. On en profita pour glisser avec une noble
indifférence quelques mots sur l'approche rapide des
troupes versaillaises, qui déjà, leur dit-on, occupaient le Trocadéro. Ce propos coupa la soif aux plus
empressés. Ils se replièrent vivement sur le gros de
la troupe massée au dehors et y jetèrent une véritable
panique. On était venu en bel ordre. On se dispersa
à petit bruit et à petits groupes, chacun tirant de
divers côtés et s'éparpillant le long des murs. *Sic nos
servavit Apollo.*

Après le départ de ces braves, et comme on fermait
soigneusement les portes, on trouva des chassepots
et des sabres furtivement délaissés dans l'ombre. On
ramassa aussi une boîte de fer-blanc contenant le

timbre humide du bataillon (122ᵉ). J'ai donné ce timbre au T.-H. Frère Philippe, et il reste dans les archives de la maison, éloquent témoignage des dangers auxquels elle a échappé.

La lutte dans Paris, on le sait, se prolongea pendant toute une semaine. Les projectiles se croisaient au-dessus de nos têtes avec un entrain merveilleux, et, ce qui était plus grave, les insurgés, postés dans les combles des maisons voisines, nous prenaient fréquemment pour cibles. Nous eûmes encore de chaudes alarmes. Un obus vint éclater dans les combles. Une grêle de balles, parties du clocher du Sacré-Cœur, vint briser un soir les vitres de la galerie sous laquelle nous prenions notre repas. Mais ces incidents n'étaient rien en comparaison de désagréments d'un autre ordre. Le voisinage nous était hostile. Paraissions-nous au dehors, nous étions accueillis par des apostrophes malsonnantes : « Les gueux! ils ont chassé ces pauvres Frères et ont mis leur maison au pillage ! Leur compte sera bon ! » Quand le quartier fut solidement occupé par les troupes, ces dispositions ne firent qu'éclater avec plus de force et d'ensemble. Les choses en vinrent à ce point que nous fûmes dénoncés à l'autorité militaire comme des communeux avérés. Le digne docteur Demarquay fut particulièrement signalé, et le bruit se répandit que son arrestation avait été un instant imminente.

Nous voit-on, après avoir, par une faveur soutenue de la Providence, mené au port, à travers mille périls, notre barque surchargée, échouer de nos personnes dans quelque violon

Opprobre de tous les partis !

La rentrée successive des Frères, que nous lais-
sâmes bientôt en possession de leur maison, nous
présenta aux bonnes âmes du voisinage sous un
aspect moins satanique. Encore n'est-il pas certain
que les bons Frères, en nous réhabilitant, n'aient pas
été taxés *in petto* d'excès miséricordieux, tant étaient
vifs et enracinés dans le populaire l'indignation et le
ressentiment soulevés par les stupides persécutions
qu'on infligeait à ces vrais amis du pauvre, et dont
un instant nous avions dû nous résigner à paraître
l'instrument.

N. Cotte,

Ancien directeur de l'ambulance de la presse
(*Pavillons de Longchamps*).

SAINT-JOSEPH DES ALLEMANDS

I

Avec cette puissance de vitalité qui lui est propre, Paris commençait à secouer les inquiétudes et les souffrances engendrées par la guerre étrangère; sortant de son inaction forcée de sept mois, la grande cité s'était remise à l'œuvre, et le travail renaissant sur tous les points, faisait rentrer, ou du moins promettait, dans un avenir prochain, au foyer de l'ouvrier l'aisance et le bien-être; d'autre part, la jeunesse, *débarrassée du clairon sonnant et du tambour battant,* avait repris le chemin de l'école, et elle se livrait à l'étude avec un redoublement de zèle du meilleur augure. Mais soudain, comme ces vapeurs que les vents amoncellent sous un beau soleil d'été pour en faire jaillir l'ouragan et la foudre, la rage furieuse de quelques hommes troubla ce retour de prospérité, et amassa sur la ville héroïque, dont la longue résistance à l'ennemi avait fait l'étonnement et l'admiration de l'Europe, toutes les horreurs, toutes les infamies, tous les désastres d'une insurrection sans exemple dans le passé.

Le début de cette guerre fratricide est d'autant plus criminel qu'elle surgissait à un moment où toutes les forces vives de la nation aussi bien que tous les efforts de chaque individu devaient être employés à cicatriser les plaies de la France, à effacer par des merveilles de patriotisme, de dévouement, de sacrifices de toutes sortes, les plus désolantes pages qui aient jamais terni sa glorieuse histoire. Le début de cette guerre, disons-nous, eut lieu sous les fenêtres de Saint-Joseph des Allemands.

Placée entre deux barricades qui en interdisaient les abords, l'école fut forcément fermée pendant quelques jours.

Bientôt cependant les enfants, familiarisés avec l'apparat militaire et les mines rébarbatives des fédérés, se hasardèrent à franchir les amas de pavés, jusque-là tout à fait inoffensifs, des rues, et vinrent frapper à notre porte, timidement d'abord et l'air effaré, et comme s'ils s'attendaient à rencontrer dans les classes quelque objet inattendu ; ensuite, bravement et avec un petit air crâne, qui eût fait plaisir à voir s'il n'y avait eu à redouter pour ces jeunes cœurs l'exemple dangereux de cette exaltation passionnée, qui allait toujours gagnant des prosélytes dans le peuple de Paris, et entraînant aux dernières limites de la démence des êtres, hommes et femmes, jusqu'alors réputés gens paisibles et honnêtes.

Les classes reprirent donc leur cours ordinaire ; il y eut des absences, des départs même, et à mesure que la situation des esprits s'aggravait, les craintes que nous exprimions tout à l'heure se justifiaient : l'enfance, surexcitée par les allures folles et les mouvements convulsifs de l'époque, se montrait de plus en plus turbulente et rebelle à l'esprit de respect et de discipline, qui est la base de tout enseignement.

On vivait ainsi entre l'espoir et la crainte, ou plutôt on ne vivait plus.... L'horizon devenait chaque jour plus ·sombre. Une presse nouvelle et vraiment inouïe dans ses débordements, nourrissait et activait chaque jour les plus mauvaises passions populaires; tout était mis en cause, et nul ne pouvait répondre le matin de ne point aller coucher le soir dans une cellule de la Conciergerie ou de Mazas. C'était le cas pour des chrétiens de mettre en pratique la doctrine évangélique, et de vivre au jour le jour, détachés de toutes choses et prêts à faire le sacrifice de tout, jusques et y compris la liberté et la vie.

Les généraux massacrés, l'archevêque et de saints prêtres prisonniers et menacés de mort, des communautés pillées, des églises profanées et fermées, les religieux et les religieuses déclarés en principe exclus de l'enseignement public, en un mot, tous les excès qui peuvent signaler une révolution impie, s'étaient abattus sur Paris, et cependant les Frères de Saint-Joseph des Allemands, que leur situation dans un des quartiers excentriques, où l'excitation populaire semblait ne pas connaître de bornes, n'avaient pas encore été inquiétés. Leurs œuvres se continuaient sans autres entraves que celles qui leur étaient apportées par la force même des choses.

La première difficulté suscitée aux Frères par l'administration fut celle-ci : le service de cantine, qui durant le siége avait fonctionné dans le préau de l'école, ayant été rétabli au profit des fédérés, la municipalité imagina d'affecter à ce service de jeunes citoyennes qui, certes, ne devaient pas être choisies parmi les fleurs des pois du quartier; il était même à parier qu'elles seraient prises, comme la plupart des déléguées des divers services, parmi d'anciennes ou de futures pensionnaires de Saint-Lazare. Quoiqu'il en fût d'ailleurs, la règle et les usages des Frères concernant l'exclusion des femmes de leurs établissements ne permettaient pas cette innovation.

Le Frère directeur déclara donc aux délégués de la commission qui venaient lui signifier le nouvel arrêté, que la maison n'appartenant ni à l'État ni à la ville, mais étant la propriété privée de quelques familles d'Alsace et de Lorraine, qui l'avaient affectée au service et au soulagement de leurs compatriotes, fort nombreux dans ce quartier, il était libre, à titre de directeur de l'établissement et de représentant des propriétaires, de disposer du local dans les conditions qui lui convenaient, ajoutant que ce local ayant été accordé dans un but humanitaire, pendant la durée du siége, pour un service municipal, il ne demandait pas mieux que ce service se continuât durant la période des nouveaux malheurs dans laquelle on se trouvait, mais à cette condition que des hommes seuls y feraient le service culinaire et le service de distribution, afin de ne point laisser transformer un asile de morale et de bienfaisance chrétienne en un lieu de honte et de scandale!

Le délégué se retira grandement étonné, et plus déconcerté encore de cette réponse honnête et énergique.

« Je ferai part de vos observations à qui de droit, et je reviendrai, » dit-il.

Il ne revint pas, et ce beau projet fut abandonné pour le moment; les citoyennes furent remplacées par un soi-disant officier de la garde nationale que le Comité central préposa à la surveillance et à la direction de la cantine.

La situation s'aggravait. Les Pères Jésuites de la Mission de Saint-Joseph des Allemands étaient partis; depuis une dizaine de jours, les Sœurs qui s'occupaient des jeunes filles en avaient fait autant, lorsque les Frères, qui tenaient toujours bon, furent forcés de partir.

Le 20 avril, après s'être munis de passe-ports de nationalités étrangères, et avoir placé en lieu sûr quelques objets de valeur, les Frères laissèrent leur maison, avec tout ce qu'elle contenait, à la garde de Dieu, et, revêtus de leur costume religieux, ils quittèrent Paris pour aller attendre dans différentes maisons de l'institut le retour de jours meilleurs.

II

Notre main frémissante s'arrête en présence des scènes de hideuse profanation que nous avons à décrire.

C'est d'abord dans la maison même que l'officier directeur de la cantine, s'attaquant à la belle statue placée au milieu du préau, ordonne de la précipiter en bas de son piédestal, de la mettre en pièces et d'en jeter les débris aux ordures. Par bonheur, un souci

plus sérieux, le soin de faire honneur au vin de la
cave, empêche l'officier de surveiller lui-même l'exécution de l'arrêt qu'il vient de prononcer, et les
hommes de la cantine, en souvenir sans doute de la
bienveillance avec laquelle les Frères les avaient traités, reculent devant cet acte de profanation : la statue
est cachée aux yeux du fougueux commandant et mise
à l'abri de ses entreprises.

Mais un acte de folie sacrilége que l'ivresse sans
doute inspira au même individu, ne put être empêché
par personne : de concert avec un autre chef fédéré
de la même valeur que lui, il endossa les robes, les
manteaux, les chapeaux laissés par les Frères, et tous
deux, un livre de prières sous le bras, parcourent le
quartier, vociférant le cri de : *Vivent les communeux!*
et ne manquent pas de faire une station motivée à
chaque cabaret.

Les habitants du quartier, croyant d'abord que les
Frères étaient de retour, se précipitaient aux fenêtres,
aux portes, pour être témoins de ce spectacle singu-
lier, de religieux acclamant cette même Commune
qui, sur tous les points de Paris, insultait, reniait
Dieu et poursuivait ses ministres ! Mais, en reconnaissant à qui ils avaient affaire, ils rentraient aussitôt.
S'ils n'osaient témoigner hautement du dégoût que
leur inspirait cette comédie sacrilége, du moins tous
se sentaient au cœur un reste de pudeur qui les empêchait d'y donner par leur présence une adhésion
même tacite.

Cependant le Comité central n'avait pas renoncé à
sa première idée : il lui fallait à tout prix caser à la
cantine de Saint-Joseph quelques-unes des futures
pétroleuses dont l'ardeur démagogique s'était déjà

manifestée avec assez d'éclat pour mériter une récompense. Il est vrai que dans le quartier on s'était
montré hostile à ce projet, et qu'il n'était pas sûr que
ces *dames* fussent favorablement accueillies, non-seulement par les habitués, mais par les personnes même
de la cantine.

L'intrépide directeur se fit fort de les recevoir et
de les protéger. Revolver au poing, il les introduisit
et les installa dans la maison, d'où s'éloigna dès lors
tout ce qui avait pu y rester de gens honnêtes.

Dès lors la cantine devint le prétexte et le théâtre
de bacchanales immondes; les échos de ces préaux,
de ces bâtiments qui, les années précédentes, à pareille époque, répétaient les doux chants du mois de
Marie, retentirent de refrains impurs qui durent en
chasser les anges tutélaires et y appeler tous les dé-
mons de l'enfer.

Ce fut une longue orgie qui ne discontinua pas
pendant plusieurs semaines, et dont le quartier con-
servera longtemps la triste légende... Vint enfin le
jour où la Commune eut besoin de toutes les forces
qu'elle avait, sans doute en prévision du dénoûment,
tirées des plus repoussants bas-fonds de la société et
casées de façon à les avoir, à toute heure et pour tous
besoins, sous la main. Ces misérables créatures prirent leur vol et se répandirent dans Paris terrifié... de
la brutale ivresse de l'orgie à la furieuse ivresse du
pillage et de l'incendie, la transition ne devant pas
être longue ni difficile. L'histoire de ces jours néfastes
nous l'apprend.

III

Après une absence de six semaines et diverses pérégrinations à travers la France, les Frères de l'établissement de Saint-Joseph purent enfin reprendre possession de leur école, depuis longtemps veuve de sa jeune et joyeuse population.

Leur retour fut une véritable entrée triomphale. Enfants, parents, tout se réunissait pour leur souhaiter la bienvenue. Mais si les habitants s'étaient mis en fête pour les accueillir, il n'en était pas de même de la pauvre chère maison! Elle n'offrait à leurs regards que dévastations et souillures de toutes sortes. Cette *désolation de la désolation,* dont parle la sainte Écriture, avait passé par là, et y avait laissé sa hideuse empreinte. Tout y sent encore le débordement des plus honteux excès; des débris de toute espèce, des senteurs où s'amalgamaient le vin, l'eau-de-vie, la poudre et le sang, des inscriptions menaçantes ou obscènes, des siéges brisés, des tables boiteuses, des monceaux de verres cassés, quelques lambeaux d'images saintes ou d'inscriptions pieuses, échappées çà et là de la destruction comme pour témoigner de la rage de cette destruction, tout y était navrant.

« Et cependant, s'écrie un des Frères, nous ne savions trop si nous devions nous attrister et gémir, ou considérer par la pensée ce qui aurait pu arriver de

pire, et remercier Dieu de nous l'avoir épargné! » En
effet, matériellement parlant, le dégât était insigni-
fiant. La toiture, tant soit peu effondrée par deux
obus, et quelques carreaux brisés par les balles, voilà
tout le dommage fait aux bâtiments.

Quant aux classes et à toutes les autres pièces de la
maison envahies par le monde de la cantine, nous
venons de dire dans quel état tout cela avait été mis.
Mais, par contre, la chapelle, la chambre commune,
la bibliothèque, etc., préservées par un véritable mi-
racle, étaient intactes (1).

Mais si les pertes matérielles ont été faciles à réparer, il n'en est pas de même des pertes morales. Peu
d'établissements à Paris ont été aussi profondément
atteints que Saint-Joseph des Allemands. La guerre
étrangère et l'expulsion de Paris de la race tudesque
lui avaient déjà porté un rude coup; le patronage
s'était trouvé dissous, et plus de deux cents enfants
avaient été dispersés, en sorte que, pendant le siége,
deux classes avaient dû être supprimées (2).

Encore le personnel de ces classes n'était-il jamais
au complet. Les souffrances multiples qui frappaient
les familles, la nécessité où chacun se trouvait d'aider
à pourvoir, dans la mesure de ses forces, aux besoins
de tous, retenaient beaucoup d'enfants chez eux, et

(1) Il paraît que cette partie de la maison, restée fermée, avait
été réservée pour le pillage de la fin, alors que le feu serait mis à
l'établissement, en même temps qu'à toutes les autres communautés. La marche rapide de notre brave armée à travers Paris épar-
gna, parmi tant d'autres, ce crime aux communeux.

(2) Sur cinq cents enfants, l'école n'en comptait plus que trois
cents, répartis dans quatre classes au lieu de six.

le manque du nécessaire provoquait chez ceux qui se montraient plus assidus une nonchalance de corps et d'esprit bien nuisible au progrès des études.

Si, depuis la Commune, l'état des choses s'est amélioré à ce dernier point de vue, comme nombre, la situation s'est aggravée. Les cent quatre-vingts enfants effarouchés par les événements ont pris leur vol vers d'autres quartiers. Combien, sur ce nombre, ont été balayés par la tourmente elle-même et jetés en pâture à la prison et à la mort? Nul ne peut le dire. L'insurrection a choisi ses agents et ses victimes dans tous les rangs sociaux; elle les a pris au seuil de la vie et sur les degrés de la tombe, parmi les femmes perdues et parmi les mères de famille... Certes, l'écrivain qui a dit que c'était là du délire, de la démence furieuse, ne s'est pas trompé... C'était bien une folie, une folie sortie de l'enfer et soufflée dans les âmes par Lucifer lui-même.

Donc, de cinq cents, voilà le chiffre de l'école de Saint-Joseph réduit à deux cent quarante; encore tout ce petit nombre porte-t-il les cruelles et tristes empreintes des temps. La disette et les privations matérielles ont imprimé leur cachet sur ces pauvres petites figures blêmes et amaigries. Le débordement des passions populaires a laissé dans les jeunes cœurs des traces morales plus douloureuses encore.

Mais, hâtons-nous de le dire, le zèle, la charité, le dévouement des Frères, ont grandi avec les circonstances, et sont à la hauteur de la tâche qui leur incombe.

Ils ne s'effraient pas de l'œuvre qui les attend; ils savent qu'ils auront beaucoup à réparer; mais ils savent aussi que l'aide de Dieu ne leur fera pas défaut, et forts de la force même du Seigneur, ils vaincront tous les obstacles, et prouveront une fois de plus au monde que l'enseignement chrétien est le palladium sacré des familles et des nations.

LA VILLETTE

Comme dans tous les quartiers excentriques, les Frères, malgré tant de services rendus, ne pouvaient compter à la Villette sur l'appui déclaré de la population. Les honnêtes gens, débordés par les fédérés, qui avaient fait de ces points extrêmes de la capitale leurs camps retranchés, n'osaient, en effet, élever la voix en faveur d'aucune des causes qu'ils eussent voulu soutenir, pas même en faveur de leur propre liberté de penser et d'agir ; la population était littéralement terrifiée, et là était le secret de la force de cette insurrection qui, pendant deux mois, a tenu notre armée en échec tandis que Paris tremblait sous son joug.

Dès le milieu d'avril, la position n'était plus tenable pour les Frères : les plus graves périls les menaçaient, et, d'autre part, ils ne voyaient autour d'eux aucune possibilité d'exercer leur zèle. Demeurer plus longtemps ainsi exposés sans espoir de se rendre utiles eût été une imprudence inexcusable, et cependant ils hésitaient, lorsque, le 18 avril, ils reçurent l'avis officieux qu'on ne tarderait pas à les arrêter.

Ils abandonnèrent le soir même leur maison, laissant au concierge et à quelques voisins dévoués le soin d'enlever pendant la nuit les objets les plus précieux, ce qui fut heureusement exécuté.

Le lendemain se passa sans encombre, et le brave concierge, croyant à une fausse alerte, regrettait presque le départ des Frères, lorsque le surlendemain se présenta un délégué de la Commune, accompagné de plusieurs agents. En ne trouvant plus ceux qu'il venait arrêter, le délégué se montra fort irrité; néanmoins aucun dégât ne fut commis dans la maison; après une perquisition assez minutieuse, à la suite de laquelle les quelques effets appartenant aux Frères, qui avaient été laissés à la maison, furent chargés sur une voiture et enlevés (1), le délégué conduisit à la mairie le concierge de la maison; on lui reprocha vertement de s'être montré *mauvais citoyen* en laissant partir les *calotins,* dont il eût dû, lui le serviteur, se faire — d'après la morale communeuse — le dénonciateur et le geôlier.

Toutefois, après avoir épanché leur mécontentement en menaces, les autorités municipales rendirent la liberté à ce brave homme, qui, fidèle à la promesse qu'il avait faite aux Frères, retourna coura-

---

(1) Parmi ces objets, qui furent déposés dans un magasin appartenant à la municipalité, se trouvaient quelques habits religieux, un petit cahier et un peu de linge d'église; le reste n'avait aucune valeur. Rien n'a été retrouvé; on a lieu de croire que tout a été brûlé.

geusement à son poste, et y demeura jusqu'au retour de l'ordre.

C'est par lui, et aussi par le témoignage des enfants, que nous savons que le délégué n'ayant rien brisé ni laissé briser dans l'établissement, toutes les profanations, tous les dégâts qui y ont été commis sont du fait des instituteurs libres-penseurs que la Commune y avait installés.

Une statue de la très-sainte Vierge, entre autres, a été l'objet d'une véritable frénésie : on a d'abord détaché le divin Enfant des bras de sa mère, dont on a ensuite coupé la tête ; puis, avec une hache, on a partagé le tronc de la statue et brûlé le tout. L'autel de la chapelle a été brisé ; les emblèmes religieux ont subi le même sort ; enfin le tabernacle a été l'objet des plus odieuses profanations. Il va sans dire que tous les objets de piété qui ornaient les classes, ainsi que les livres de religion, avaient été auparavant arrachés, souillés, déchirés, brûlés...

Ces atrocités étaient commises en présence des enfants et avec leur concours. Hâtons-nous de dire que la plupart d'entre eux, loin de se joindre à ces profanations impies, les déploraient. Quelques-uns même ne dissimulaient pas leur indignation. Un d'entre eux, un enfant de treize ans, eut le courage de protester énergiquement : « C'est Dieu que vous insultez, dit-il au directeur de l'école ; prenez garde, il vous punira. »

Cette menace devait se vérifier bientôt : lors de l'entrée des troupes, ce misérable contempteur des choses saintes fut fusillé à quelques pas de l'école...

Quant aux Frères, leur retour a été salué comme

un bienfait du Ciel, et je doute que ceux mêmes qui les dénigraient et les repoussaient le plus avant le 18 mars 1871, consentissent volontiers à les voir s'éloigner de nouveau, maintenant qu'ils ont pu juger à l'œuvre les instituteurs communeux!

COMMUNAUTÉ

DES

FRÈRES DE BERCY

——

I

La maison du XIIe arrondissement fut envahie par les hommes de la Commune le 19 mars 1871, et, se sachant dans ce quartier excentrique plus exposés que partout ailleurs aux exactions des insurgés, les Frères résolurent d'agir avec une grande réserve et une extrême prudence dans les rapports forcés qu'ils ne pouvaient tarder à avoir avec la commission administrative.

Bientôt, en effet, ayant paru le décret qui substi-
tuait le drapeau rouge au drapeau tricolore, le Frère
directeur fut invité à s'y soumettre, et comme il ne
montrait pas un grand empressement à obéir, un
délégué, accompagné d'un commissaire, tous deux
ceints de la terrible écharpe et armés de revolvers,
vinrent présider à l'opération, qui dut s'exécuter pres-
tement et sans mot dire.

Quelques jours après, il s'agissait du vote qui eut
lieu dans tous les quartiers de Paris pour élire les
membres de la Commune. Un délégué du Comité
central, escorté d'un commissaire et de quatre
hommes à la mine de bandits, vinrent signifier aux
Frères d'avoir à laisser ouvertes à tout venant les
portes de la communauté, et cela jusqu'à minuit.
On se soumit encore sans observations, et cependant
cette mesure était superflue, l'usage des votants
ayant toujours été d'entrer à la mairie par la rue
de Nicolaï. Personne, en effet, sauf le délégué et son
compagnon, ne passa par les portes demeurées toutes
ouvertes.

Un peu plus tard encore, le Frère directeur fut
contraint de recevoir dans l'intérieur de la communauté un bureau d'enrôlement pour les volontaires
de la Commune, lequel bureau aurait pu être placé
partout ailleurs avec plus d'à-propos et non moins
d'avantage. Le délégué qui présidait à l'installation de
ce nouveau service, et qui était un démagogue forcené,
donna aux pauvres Frères la mesure des dispositions

de l'autorité communeuse à leur égard. Le Frère directeur ayant hasardé une observation fort juste, l'homme à écharpe rouge porta vivement la main à la garde de son épée, et d'une voix tonnante :

· « Ne sais-tu pas, s'écria-t-il, que la maison avec tout ce qu'elle contient est à nous, et que je suis tout prêt à te f..... à la porte si tu fais l'ombre d'une difficulté ? »

Jusque-là, les embarras suscités aux Frères par la Commune et le Comité central étaient étrangers à leur mission d'instituteurs, laquelle était tolérée sinon acceptée, de manière que les classes se poursuivaient librement et sans encombre. Jamais l'école n'avait vu son personnel plus complet, les parents, peu désireux de voir leurs enfants se mêler au mouvement de la rue, ayant soin de prêter la main à ce qu'ils fréquentassent assidûment la classe.

Or un jour, un fédéré étant venu présenter un nouvel élève, son fils, le Frère directeur dut lui déclarer avec toute la politesse et les ménagements possibles que, n'ayant pas de place vacante, tout ce qu'il pouvait faire, c'était d'inscrire l'enfant, et de lui donner la première place qui se présenterait.

Le fédéré, très-étonné et plus indigné encore que son képi et son sabre n'eussent pas eu le privilége de créer une place à son fils, se retira d'un air fier et menaçant. Le jour même, le citoyen Philippe, qu'il était allé trouver, donnait ordre aux Frères de rece-

voir, séance tenante et sans examen, tous les enfants
qui seraient présentés par un citoyen garde national.
Voilà donc l'école en cause, et, une fois l'attention
ainsi éveillée, il était probable que les mesures arbitraires n'en resteraient pas là.

En attendant, le bureau d'enrôlement établi dans la
maison est devenu le rendez-vous ordinaire de la municipalité, qui s'y réunit à tout propos, de telle sorte
que les pauvres Frères sont obligés de passer la ma-
jeure partie des nuits à attendre que les délégués
aient fini leurs interminables discussions, discours
et jugements, car maintes fois ils s'attribuèrent le
droit de s'ériger en cours martiales. Non-seulement
c'était un surcroît de fatigues, mais une source in-
tarissable d'inquiétudes; de quels actes de violence,
en effet, n'étaient pas capables, après délibération et
après boire, ces forcenés, alors que, prenant leur
rôle au sérieux, ils se croyaient en toute vérité les
régénérateurs de la société et les arbitres de la
France?

Au dehors de la communauté et de la mairie, l'état
des choses se compliquait, et tout faisait pressentir
que le jour était proche où l'habit religieux ne pourrait plus se montrer impunément dans le XIIe arrondissement. Un incident fortuit, mais trop significatif
pour ne pas être pris en considération, ne tarda pas à
aggraver ou plutôt à dessiner plus nettement la situation. Le 17 avril, le Frère directeur traversait la
rue de Charenton, lorsqu'un de ces individus aux

traits ignobles, qu'on ne rencontre qu'aux époques de révolution, lui barra le chemin, le poing levé, et lui crachant au visage, s'écria :

« F... canaille, tu n'en as plus pour longtemps à nous braver! avant peu, j'aurai ta tête! »

La rue était pleine de monde, et si aucun des curieux ou des passants ne se joignit à ce misérable provocateur, aucun non plus n'eut le courage de s'interposer entre lui et sa victime!

Le Frère, à l'exemple du divin Maître, subit cet outrage sans laisser paraître aucune émotion ; il continua sa route avec un grand calme extérieur ; mais quelle tempête dans son âme ! Les larmes, que sa volonté empêchait de couler sur son visage, retombaient amères et écrasantes sur son cœur bouleversé. Si l'on reconnaît l'arbre à ses fruits, disait-il, que penser de cette population affolée qui laisse insulter les serviteurs de Dieu, quand elle ne les insulte pas elle-même?...

Une personne sûre et prudente à laquelle il raconta cet incident lui dit, elle aussi, le cœur plein d'angoisses : « C'est le signe des temps, mon Frère : de graves événements se préparent, armez-vous de courage et de force... vous en aurez besoin plus tôt que vous ne pensez. »

Le lendemain, en effet, 18 avril, à une heure avancée de la soirée, un ami de la communauté vint donner avis au directeur que tout le personnel de

la maison devait être arrêté le matin suivant, à
six heures.

Il y avait d'autant moins à hésiter que, l'événement ayant été prévu, les supérieurs de l'institut
avaient donné des ordres en conséquence. Les Frères
donc, au lieu de consacrer la nuit au repos, prirent
les dispositions nécessaires pour partir avant le jour.
A six heures, quand les délégués se présentèrent,
accompagnés de la force armée, la maison était
vide...

Quand un peu plus tard les écoliers se présentèrent
à leur tour, ils trouvèrent les classes fermées et on
leur dit, en termes que nous n'emploierons pas ici
par respect pour notre plume, « que les *oiseaux* s'é-
taient envolés. » Plus courageux que les hommes
faits, qui n'avaient su ni protéger ni défendre les vrais
amis de l'ouvrier, les pauvres enfants ne se firent
faute ni de larmes de regret, ni de témoignages de
sympathie pour leurs maîtres, ni surtout de reproches
et d'invectives contre ceux qui les avaient chassés.
Ce fut une véritable émeute dont chaque enfant, lorsque les groupes se dispersèrent, alla porter l'écho
dans sa rue, dans sa maison.

Pendant ce temps, que devenaient les Frères ! Un
de leurs amis, M. Bourgeois, avec qui ils s'étaient
entendus, leur avait amené des voitures place Reuilly,
de sorte qu'en quittant la communauté ils sortirent
de Paris sur-le-champ. D'autres quittaient la ville le

soir et le lendemain; le Frère directeur, comme le capitaine qui ne quitte que le dernier son navire en péril, les suivait avec les deux ou trois Frères sortants. Le terrible fédéré qui tenait si fort à manger des Frères, en était donc pour ses sauvages désirs. Tout le personnel de la communauté était à l'abri des fureurs communeuses, grâce à Dieu et à M. Bourgeois.

Restait le mobilier. Depuis plusieurs jours les Frères avaient mis ce qu'ils possédaient de plus précieux en sûreté chez d'honnêtes gens du quartier, qui, avec un dévouement bien digne d'éloges en ce temps d'égoïsme et de passions mauvaises de toutes sortes, en prirent soin comme de leur propre bien. Rien n'eût manqué au dépôt dont ils s'étaient chargés, si une voisine qui avait surpris le secret de ce déménagement n'eût, par cupidité ou par méchanceté, prévenu la Commune. Les délégués, ravis de pouvoir, à défaut des Frères eux-mêmes, s'emparer de ce qui leur appartenait, n'eurent garde de négliger cet important avis. Ils se transportèrent en nombre et avec escorte au lieu désigné. Là, ils choisirent ce qui leur convenait et dressèrent du reste une espèce d'inventaire.

Cependant, frustrés dans leur attente en ne découvrant chez les dépositaires des Frères ni vin ni argenterie d'église et autres objets de valeur, ils allèrent à la communauté, convaincus qu'il devait s'y trouver des cachettes où ces objets étaient déposés. Ils bouleversèrent toutes les pièces, brisant les portes dont ils n'avaient pas les clefs, sondant les boiseries et les murs, abattant les cloisons des caves et fouillant jusque dans les puits.

N'imaginant pas qu'une société d'hommes pût s'approvisionner de vin au jour le jour et se passer de liqueurs alcooliques, ils ne se tinrent pas pour battus par l'insuccès de leurs recherches, et ils dépavèrent une partie du rez-de-chaussée, espérant y découvrir quelque cachette...

La femme du concierge avait dû assister à toutes ces perquisitions, et on l'avait très-sérieusement menacée parce qu'elle ne disait pas ce qu'il lui aurait été très-difficile de déclarer, car elle ne savait rien, et il n'y avait rien de caché dans la maison. En se retirant, ils l'emmenèrent à la maison, où elle fut retenue toute une journée prisonnière. On employa tous les moyens possibles pour lui faire avouer où était le directeur, *ce coquin, ce brigand,* qui avait volé le bien de la Commune, — en déménageant ses effets et n'ayant pas la précaution d'acheter du vin pour ces messieurs, — et qui n'avait certainement pu s'échapper de Paris, car les ordres les plus sévères avaient été donnés pour qu'on l'arrêtât, s'il essayait de sortir.....

II

Les délégués de la Commune allèrent en grande pompe installer les remplaçants des Frères; comme partout ailleurs, on brisa les christs et les statues, on arracha les images aux cris de : *Vive la Commune!* on hurla la *Marseillaise*. Toutefois les délégués et leur cortége durent faire les principaux frais de la bagarre, car bien peu d'enfants avaient répondu à l'appel de la municipalité. Les bancs, si pleins du temps des Frères qu'on ne pouvait, ainsi que nous l'avons déjà dit, y trouver une place libre, devaient demeurer dégarnis jusqu'à leur retour.

Quelle manifestation plus éloquente pouvait être faite en faveur de l'enseignement congréganiste? Les coryphées de la révolution l'accablent de leurs sarcasmes, de leurs persécutions; les fédérés en corps l'attaquent et pillent ses établissements; mais individuellement, comme pères de famille, tous reconnaissent sa supériorité, et n'en veulent pas d'autre pour leurs enfants. Jamais le sentiment populaire, l'appréciation vraie de la famille ne s'est montrée avec plus de force et d'unanimité.

Nous ne dépeindrons pas les désastres que la dernière semaine de l'insurrection devait accumuler à Bercy. Ce tableau navrant a eu assez souvent, dans ces récits, l'occasion de se placer sous notre plume, pour que le lecteur puisse suppléer à notre silence.

Arrivant donc immédiatement au 2 juin, jour de la reprise de possession des classes par les Frères, nous prendrons acte, à l'appui de l'opinion que nous exprimions tout à l'heure, des sentiments de chaude et respectueuse sympathie avec lesquels on accueillit leur retour.

L'apparition de l'habit religieux dans ces rues, sur ces quais, que jonchent encore les débris de la bataille et les cendres fumantes de l'incendie, est saluée comme l'annonce, la promesse du retour de l'ordre, du travail, de la prospérité. Le peuple, étonné lui-même de cette sympathie dont il ne connaissait pas l'existence en son cœur, le peuple se demanda comment jusque-là il avait pu passer indifférent, pour ne pas dire hostile, près de ces hommes, dont le dévouement et la valeur ne lui avaient été révélés dans toute leur étendue qu'alors que persécutés, proscrits, ils s'étaient montrés plus forts que l'infortune, plus grands que le malheur. L'estime, le respect qu'ils inspirent sont unanimes et ne sont surpassés que par l'affection des enfants, dont le bonheur, en se retrouvant sous leur direction, ne saurait se décrire.

Mais ce qui témoigne surtout en faveur des dignes instituteurs, ce qui prouve jusqu'à quel point la cruelle période qui vient de s'écouler a mis en relief ce qu'ils sont et ce qu'ils valent, c'est la réception qui leur fut faite par l'ancienne autorité municipale, qu'ils retrouvèrent déjà en possession de l'administration.

Ces messieurs, écrivait à ses supérieurs le Frère directeur de la communauté, ces messieurs m'ont reçu avec une satisfaction peu ordinaire. Leur bienveillance m'a d'autant plus agréablement surpris, que j'étais accoutumé à des réceptions assez froides. M. le maire s'est beaucoup inquiété, m'a-t-il dit, du sort qui nous a été fait pendant son éloignement de la mairie. En un mot, les autorités locales nous montrent la plus grande bienveillance........

Ah! qu'il est vrai de dire qu'il n'est pas de si grands malheurs, dont Dieu ne se plaise à faire sortir un bien plus grand encore pour ceux qui ont accepté l'épreuve de sa main et l'ont supportée avec résignation !

FIN

TABLE

—

1759. — Tours, impr. Mame.